ナウエン・セレクション
Henri Jozef Machiel Nouwen

ヘンリ・ナウエン

アダム 神の愛する子

Adam: God's Beloved

宮本 憲［訳］ 塩谷直也［解説］

日本キリスト教団出版局

Adam

God's Beloved

By Henri Nouwen

Translated by MIYAMOTO Ken
Published by
The Board of Publications
The United Church of Christ in Japan
Tokyo, Japan

ジーン・アーネット、
レックス・アーネット夫妻に捧ぐ

まえがき

一九九六年二月にアダム・アーネットが亡くなってすぐ、ヘンリはわたしにアダムの本を書きたいと思っていると告げました。それはヘンリの願いでした。彼は執筆のために、アダムの一生について話してほしいと言いました。わたしには、本を書くにしてはアダムの死後あまりにも日が浅すぎたからでした。わたしは仰天しました。わたしは彼にもっと時間がほしいと言いました。しかし、ヘンリは待ちきれず、わたしの助けなしに本を書いてしまったのです。このことは、わたしにとってつらいことでした。

彼は初稿を出版業者ロバート・エリスバーグに送り、二人は草稿の長所や短所、また今後しなければならないことについて手紙で相談しました。ヘンリはさらにアダムの若い頃の話を聞くために、両親のジーンとレックスに時間をさいてくれるように頼みました。彼らはヘンリと会って、彼に最初の二章の材料を提供することにしていました。

そんな折、一九九六年九月二十一日にヘンリは急逝しました。

わたしはヘンリの遺言で著作に関する遺言執行者に指名され、他の事柄に加えてこの本を完成させる責任をも引き継ぎました。わたしはヘンリの出版社の援助を受け、さらにアダムの両親も訪ねました。そして、草稿の仕事に取りかかったのでした。

最初にわたしの心を打ったのは、アダムとヘンリの関係の強さとその意義でした。それはヘンリの人生で特別の時期、すなわち彼が心のふるさと《ホーム》を探し求めていた時期の出来事でした。アダムはその単純さと現臨《プレゼンス》によってヘンリを心のふるさとに迎え入れたのです。信じられないような話です。

わたしはテキストの弱点にも気がついていました。それは特に若い頃のアダムの人生に関する部分で、わたしはそれを補完しようとしました。この作業のおかげで、二人の親友を失ったことを深く悲しむことができました。わたしは仕事をしながら彼らに話しかけました。二人が答えるのは一度も「聞いた」ことがありませんでしたが、その過程でたいへんに元気づけられ、情熱と確信を抱いて仕事ができたのでした。わたしにとって、アダムとヘンリはまさにそこにいてわたしを導いてくれる霊でした。わたしは彼らが助けてくれたのだと本当に信じています。

悲しみのまっただ中で、わたしは二人の関係を描いた文章から深い感銘を受けました。ヘンリが率先してこの本を書いてくれたことを今はたいへん感謝しています。また、アダムとヘンリの物語に寄与する機会が与えられたことも感謝です。ヘンリのようにわたしも愛と大きな喜びと自由のうちにこの仕事をすることができました。

ヘンリはイエスの生涯を手本として、アダムの物語を書いています。しかも、美しく書きあげています。しかし、それだけではありません。執筆を通してアダムの物語が彼自身の物語であることも自覚したのです。最後に、著述家としての非凡な才能によって、ヘンリはわたしたち一人ひとりにわたしたちの物語をも贈ってくれたのです。

一九九七年五月一日

オンタリオ州リッチモンドヒル

ラルシュ・デイブレイク・ヘンリ・ナウエン文書センター

スー・マステラー

（聖ヨゼフ修道会）

目次

扉　絵　Tom Krysiak（ラルシュ・デイブレイク）
図版提供　ラルシュ・デイブレイク（21、28、34、35、107、172頁）、
宮本憲（50、56頁）
装　丁　桂川　潤

序章　この本はどうして書かれたのか

ラルシュ・デイブレイクの人々は、わたしが共同体の牧者を十年間務めたことを記念して、一九九五年九月から一年間の有給休暇を与えてくれた。わたしは執筆をしたいと強く望んでいた。そこで、この一年を使って、わたしの働きに霊感を与え、これを養ってきたいくつかのテーマについて書くことにした。これらの考えの多くは、わたしにとって真のホームとなったデイブレイク共同体での生活を通して生まれたものだった。

以前から「わたしは何を信じるか?」「父・御子・聖霊なる神を信じるという時、それは何を意味しているのか?」「信仰箇条を唱える時、わたしは何を言っているのか?」といったことに思いを巡らせていた。これらの疑問がずっとつきまとっていたので、わたしは使徒信条に関する小冊子を書こうと心に決めた。

このことを何人かの人々と相談し、出版業者で友人のロバート・エリスバーグに現代の信仰告白について書きたいと提案した。わたしの関心は何よりも、人生全体を通して自ら生きようとしてきたキリスト教信仰を表現するための新しい方法を見つけることだった。そのことが同時に、同じような疑問と格闘しながらも、伝統的な定式には意味や妥当性を見出せずにいる世界中の数多くの人々の助けとなると信じていた。

ロバート・エリスバーグはこの考えにとても興味を示し、使徒信条に関する一連の論文の収集に時間と精力を費やしてくれた。しかし、それらの論文を読み始めて間もなく、使徒信条というキリスト教信仰の中心的定式の起源とか種々の形態に関する極めて複雑な神学論議に、自分が埋没しているのに気がついた。わたしは、一見単純そうだった計画が実は野心的で思い上がった企てとなるのではないかと思い始めた。わたしの望みは、単に、わたしたちが愛に満ちた神の御名において生きるにはどうすれば良いかをわかりやすい言葉で表現することだった。けれども、読めば読むほど、この望みを実現するのはたやすいことでないように思われてきた。わたしは十年以上も前に学究生活を離れており、今では深い神学的研究など行うつもりはなかった。それなのに、どうして全キリスト教徒の信条である使徒信条について責任ある書物を書けるだろうか、と自問しないではいられなかった。わたしは何よりも知的障害を持つ人々と共に生きる小さな共同体の牧者ではないのか？　確かに、それは使徒信条に表されたキリスト教信仰の十二箇条を論ずる環境としてはあまり理想的とはいえない。デイブレイク共同体でわたしと共に暮らす人々のほとんどは自分の信念を体系的に語ることなどまったくないし、神学に関する省察は不可能ではないとしても困難だった。

わたしが自分の手の及ばないことをやろうとしているのではないかと思い始めたちょうどそのころ、アダム・アーネットが死んだ。アダムはわたしの友であり、教師であり、導き手であった。けれども、ありきたりの友ではなかった。というのは、彼は多くの人々がするような形で感情や愛を表現することができなかったからである。彼はありきたりの教師でもなかった。熟慮することも考えや概念を述べることもできなかったからだ。さらに、ありきたりの導き手でもなかった。どんな具体的な指示も忠告もわたしに与えることができなかったからである。アダムは、わたしが初めてラルシュ・デイブレイクに来た時に、同じホームで生活することになった仲間の一人だった。彼はわたしがトロントのラルシュ・デイブレイク共同体に加わった時に、最初にケアするように頼まれた人物だった。

棺《ひつぎ》に横たわっているアダムの遺体を見た瞬間から、わたしはこの男の生と死の神秘に心を打たれた。一瞬のひらめきで心に悟ったのは、重度の障害を持つこの人が永遠の昔から神に愛され、独自の癒しの使命《ミッション》――それは今や成就したのだが――を担ってこの世に派遣されてきたということだった。わたしはイエスの物語とアダムの物語の間に数多くの類似点があることに気がついた。また、他のことにも気がついた。すなわち、ちょうどイエスが地上の生涯で弟子たちにとって友であり、教師であり、導き手であったように、わたしにとってはアダムがある神秘的な形で生けるキリストの似姿となっていたという事実である。わたしは、アダムにおいて、そしてアダムを通して、弟子たちに対するイエスのこのような関係を真に新しく理解するようになった。それは単に、はるか昔に存在した関係というだけではない。最も弱く、最も傷つきやすい人々を通して、今イエスがわたしと共に、またわたしたちと共に持とうと望んでおられる関係なのである。実際、アダムのケアを通してわたしが自ら神についてこれまで以上に知るようになっただけではない。アダムもまた自らの生によって、わたしが自分自身の「霊の貧しさ」の中に生きておられるイエスの御霊を発見したり、再発見したりするのを助けてくれたのだ。イエスははるか昔に生きておられた。しかし、アダムはわたしの時代に生きた。イエスはその弟子たちに身体的に現臨していた。アダムはわたしに身体的に現臨していた。イエスはインマヌエル、「神われらと共にいます」だった。アダムはわたしにとって神聖な人、聖者、生ける神の似姿となったのである。

アダムはそんなにも並外れていたのだろうか。彼は特別な天使だったのだろうか。いや、そんなことはまったくない。アダムはあまたの人間の一人に過ぎなかった。けれども、彼はわたしと関わることを通してわたしにとって特別の人間となったのだ。わたしは彼を愛した。そして、わたしたちの関係はわたしの人生の中で最も意義深い関係のひとつとなった。アダムの死がわたしを深く揺さぶったのは、彼がどんな書物や大学教授などにもまさってわたしをイエスの人格の中へと導き入れてくれた人物だったからである。彼の死は目覚めの時を告げる呼び声だった。あたかも彼がわたしに次のように言っているかのようだった。「僕が君のもとを去った今、君は僕のことを書いていいんだよ。そして、僕たちのもとに来てとどまり、聖霊を送ってくださったあの素晴らしい神さまの神秘について君に教えてあげたことを友達や読者たちに話していいんだよ」と。

❖

アダムの埋葬が終わり執筆に戻った時、わたしは改めて「わたしは何を信じるか？」という問いと向かいあった。すると、これはアダムが解答の手助けをしてくれそうな問いだということに気づいた。そこで神学や歴史の論文を読むのをやめ、イエスとほぼ同じ年齢、すなわち三十四歳で死んだこの注目すべき男の生涯と召命について考え始めた。アダムの短い人生を心に思い巡らしているうちに、彼の生涯の物語はわたしに自分の信仰やキリスト教の信条を人々にわかりやすく語る言葉を与えてくれるにちがいないと気がついた。アダムは一言も話さなかった。にもかかわらずアダムは、わたしが紀元二千年を目前に生きる一キリスト者として、自分の最も深い確信を言い表す言葉の真の源となっていった。あれほどに傷つきやすかったアダムは、わたしがキリストの豊かさを告げ知らせるための強力な支柱となった。わたしをはっきり認められなかったアダムは、わたしを介して、他の人々が自らの生活の中に神を認める助けとなるにちがいない。

予期せざるアダムの死と、それがもたらした悲しみによって、わたしは内なる場所へと導かれた。それはわたしが以前から探し求めていた場所、つまり神および人間の歴史への神の介入について語ることのできる場所だった。そしてわたしは、イエスの物語に助けられてアダムの物語を理解できたのだから、アダムの物語はわたしがイエスの物語を語るのを助けてくれるにちがいないと悟った。

彼の名はジョンでもピーターでもかまわなかっただろう。わたしにイエスを極めて特別な形で啓示した男がアダムという名を持っていたのは単なる偶然なのだが、この偶然は摂理的でもあった。あの最初のアダムのように、わたしたちのアダムもあらゆる人間を代表している。それゆえ、いとも簡単に「神についてあなたに語ったそのアダムとは一体誰なのですか？」という問いが生じるのである。

わたしは書き始めた。以下に続く物語にもまして使徒信条に関する著作に近いものをわたしが書くことは今後おそらくないだろう。アダムはこの信条を表現するための扉なのだ。それゆえ、彼に対して、またわたしたちの特別な関係に対して愛と感謝の念を込めて書いていこう。さらにまた、アダムの物語を通して多数の人々がわたしたちの間における神の物語を発見し、新たな形で「わたしは信じる」と言える力を得るようにと心から望みつつ書いていこう。

第一章　アダムの隠れた人生

アダムはアーネット夫妻、ジーンとレックスの次男として一九六一年十一月十七日に生まれた。彼は美しい赤ん坊で、両親と八歳になる兄のマイケルと祖父母に溢れるばかりの命と活力とをもたらした。マイケルは頻繁なてんかん発作に苦しみ、絶えず助けを必要としていた。そのため、ジーンとレックスはアダムに徹底的なてんかんの検査を受けさせた。検査結果はすべて良好で、二人に大きな安堵をもたらした。

しかし、アダムは乳を飲むのが遅く、母親を不安にさせた。生後三か月の時、高熱を伴った重い感染症を耳に患った。ジーンはアダムの初めての発作にすぐに気づき、彼を毛布にくるんで隣に住む看護師のもとへ連れていった。その看護師は車で二人を病院に運んだ。その夜遅く、医者はアダムもてんかんであることを確認した。

アダムはハイハイを覚えるのに時間がかかった。初めて立ったのは一歳を過ぎてからだった。その後、家の中で家具につかまり、その回りをゆっくりと注意深く安全につたい歩きする期間が長く続いた。二歳のある日、アダムがとうとう手を放して支えなしに歩いた時、両親は大喜びだった。

発作は続き、薬が処方されたが、数年の間、アダムの体は基本的にとても健康だった。言葉は覚えなかったが、言われたことには従い、周辺で起こることを理解し、彼なりの方法でコミュニケートした。父親が「ブーン」と言いつつアダムの頭上で指を回しながら「蜂」をその鼻にそっととまらせると、アダムは父親の腕をつかんで空中で回し、もう一度この遊びをやりたいと告げるのだった。

❖

四歳になる頃にはアダムの行動に一定のパターンが生まれた。アダムはとりわけ家の裏から戸外に出るのが好きだった。そこでピクニックテーブルに登って座り込み、母親がジュースを持ってくるのを待つのだった。それから、テーブルの端へ行って、ベンチがないにもかかわらず降りようとする。けれど、両足がテーブルの端から出ると、そこにぶら下

自宅でくつろぐアーネット一家。
アダム１歳半、マイケル９歳。

がり、登ろうとも降りようともしない。何も言わず、ただ助けを待つだけだった。彼は降り方を教えられていた。にもかかわらず、助けが来るのを静かに待つことを好んだ。これほど早く始まったこの「ただ待つ」という姿勢は、彼の生涯を彩る支配的な特徴となった。

アダムは同じ年頃の子どもたちのように遊んだり話したりできなかったので、友達との関係を発展させたり自分の世界を広げたりする機会がなかった。アダムの生活と成長は、家族は別として人にあまり知られることがなく、主として彼の障害との関係において語ることができるものだった。

アダムは家の裏から外へ出て、通りづたいに歩いてから戻ってくるのが好きだった。通りにある四軒の家の外見は同じなのに、いつもどれが自分の家かわきまえており、それを行き過ぎることはなかった。走る時は両腕を空中に上げて通りを足重にたどった。時々近所の人が彼に気づき、動き回っているのを気遣って両親に電話で注意を促したこともあった。

食料品店のショッピングカートの幼児用座席が小さくなった後も、ジーンは依然としてアダムを買い物に連れて行かなければならなかった。そこで、彼女はカートの中にアダムを座らせて、その上に買い物を置いていった。ジーンはこのことを次のように回想する。「始め、彼はとても静かにしていました。でも、わたしがものを探している間に、手を伸ばして商品をカートに入れてしまうんです。彼を叱って、それはいらないんだと言っても、決して諦めませんでした。始めは静かに座っているのですが、品物がアダムの上に積み上がっていくにつれて、騒ぎ立てて、ものを一面に散らかしてしまうんです。買い物はほとんど終わったから、あと少しで自由になれるんだとなだめてやらなければなりませんでした。カートがいっぱいになると、今度は品物を一つひとつ持ち上げてはカートの縁から静かにゆっくりと腕を伸ばして落としてしまうんです。アダムのおかげで、必要以上のものを買って帰ることもありましたし、必要なものさえ買えずに帰宅することもありましたよ」。こういったいろいろな出来事の中でもレックスとジーンはユーモアのセンスを失わなかった。

アダムは食べることが好きだった。とりわけデザートが好きだった。おしゃべりが大好きなマイケルが食べ物に注意を向けないので、アダムが手を伸ばして兄のデザートに自分のスプーンを突き刺すこともよくあった。時には、マイケルが見ていない間にその皿を自分の方に引き寄せようとすることさえあった。レックスとジーンはアダムの小さないたずらを見ては楽しんでいた。

アーネット家の納戸は踊り場から階段を登りきったところにあった。ある日、レックスはアダムが扉を開いて掃除機を引っ張り出したのに気がついた。目の前の長い階段の端に向かって掃除機を少しずつ動かしていけることを知ったアダムはすっかり夢中になっていた。レックスの話によると、「わたしは階段の下から彼が何かを始めたのを見て興奮しました。そこで、ジーンに来て一緒に見るようにと声をかけました。アダムは掃除機を階段の端の方へ引き寄せるたびに、いたずらをしているのを知ってでもいるのか、わたしたちをちらっと見るのでした。とうとう彼が最後のひと押しをすると、掃除機は一段ごとにすさまじい音を立てて階段を転げ落ちてきたのです」。レックスはこの話を小さな自慢話として物語る。アダムがとうとう何かをしでかしたのだ！　それも威勢のいい何かを！　レックスは興奮のあまりアダムに「もう一度やってみろ！」と言った。レックスは笑いながら、「わたしたちは掃除機をもう一台買っても良いと思いました。そうすれば、アダムは掃除機を階段から突き落としては、力試しを続けることができましたからね」と話を締めくくるのである。

アダムは学校に入学するための基準を満たしていなかった。そのことが幼年期の孤独をいっそう大きくした。八歳の時、ジーンがボランティアと一緒に障害児向けのささやかな活動を行っている親たちのグループを見つけてきた。アダムはそれに毎日二時間ばかり参加することができた。十歳になってやっと学校に通うことができるようになったが、発作のため遅刻したり早退したりしがちだった。彼の学校生活は限られ、社会生活も同様だった。アダムは誕生日パーティーにはあまり招待されず、幼年期の大部分を肉親と一緒に家でひっそり過ごしていた。

にもかかわらず、彼はスポーツが好きだった。学校に通いだして間もなく、アダムは昼も夜も絶え間なく自分のベッドで飛び跳ねるようになった。両親はアダムが自分で何かを始めるといつも喜んだ。けれども、こればかりは危険だった。二人はアダムの安全を気遣い、ベッドは飛び跳ねるのにあまり良い場所ではないということを彼に繰り返して理解させようとした。ところが、アダムはベッドが一番良いと思っていたのだ！　レックスはベッドを補強したが、絶えず修理しなければならなかった。そして、ある日のことベッド全体がつぶれてしまった。このような出来事があって間もなく、学校はトランポリンの上で飛び跳ねる一人の生徒が写っている画質の悪いビデオを両親に見せた。ジーンが誰かと尋ねると、教師は「あなたの息子さんですよ！」と答えたのだった。これで謎が解けたのである。

アダムは教会でも十分に認められていなかった。ハンディキャップのためにアダムが同い年の子どもたちと一緒に聖体と堅信のサクラメントを受けられないと知った時、両親は苦痛を感じた。しかし後に、信仰を共にする小さなグループの中でアダムは初聖体を受け、この小さな共同体の仲間たちとそれを祝ったのだった。

❖

この隠れた歳月の間、アダムは彼独自の伝達手段を持っていたが、いつも十分に理解されたわけではなかった。アダムにとってはつらい一年があった。それは耳が聞こえないと診断された時だった。専門家の検査を受け補聴器を作ってもらったが、彼はこれを極端に嫌がった。その器具になじめるようにと人々がどんなに手を尽くしても、彼は不快感をあらわにし、なんとしてでもそれを耳からもぎ取ろうとするのだった。二度目の診断で、彼の耳が実は聞こえており、補聴器はすでに聞こえている音を増幅して彼の耳を痛めているのだということがわかったのは、ほぼ一年後のことだった。アダムの父は「彼はものすごく苦しんだと思います。でも、それを言うことができないので、わたしたちはまったく知らなかったんです」と回想する。

アダムは時間がわからなかったが、食事の時間は知っていた。毎日午後五時になると台所に来て、戸棚の引き戸を開け、鍋を取り出し、コンロの上に置くのだった。こうしてジーンに夕食の用意を始める時間だと知らせるのだった。もしジーンがこれに気づかない時は、鍋を振って、次は夕食だということを彼女が「聞いた」ことを確認するのだった。

十三歳の時、アダムはある障害者センターで二週間にわたり行われた排泄訓練に参加した。彼にはセンターのスタッフが知らない二つの特徴があった。それは食べるのが大好きなことと、おむつかパンツを身につけている時にだけ排尿することだった。アダムが一人でダイニングルームを見つけられる唯一の参加者だということを知ってスタッフは驚き喜んだ。しかし、彼らに理解できなかったのは、彼がトイレに三、四時間も空しく座っていた後、パンツをはくや否やナイアガラの滝になってしまうのはどうしてかということだった。訓練が終わると、レックスが新品の車でアダムを迎えに来た。それは午後の長い訓練の後だったに違いない。アダムが車に乗り込むや否や、車はたちまちにして「洗礼」を受けてしまったのだ。アダムは微笑んでいた。

❖

その後間もないある日、父親は販売会議で外出し、ジーンは子どもたちと家にいた。二階にものを取りに行くために、彼女はマイケルに「弟を見ていてね。すぐに戻ってくるわ」と言った。二階にいる間に電話が鳴って話し込んでい

アーネット一家。アダム14歳（右下）、マイケル22歳（中央）。

ると、マイケルが「来て！　来て！　早く！　早く！」と叫びだした。ジーンが階段を駆け下りると、アダムがどこからの出血かわからないほど血まみれになってソファに倒れていた。頭を持ち上げると、恐ろしいことに、転倒したため二本の前歯が歯茎にめり込んでいるのが見えた。アダムは病院で前歯を元の位置に引き戻してその上に覆いをかぶせる手術を受けた。医師によれば、アダムは発作で転倒して舌をV字型に切り、これが出血の原因となったのだった。

この発作はアダムの人生を変えた。病院の医師たちはアダムを徹底的に検査して、新しい薬を処方することにした。それに続く数日間ジーンは、ぐったりとベッドに寝ている少年は、自宅で一人で歩き回り家庭生活に参加していた少年とは様子が違うと看護師たちに訴え続けた。けれど、返ってきたのは、他にできることは何もないから彼を家に連れて帰ってかまわない、という返事だった。自宅でさらに三日すぎてからジーンは保健師に電話した。そして、この保健師が謎を解明したのだった。医師たちは新しい処方を与えておきながら、古い薬を止めることを忘れていたのだ。そのため、アダムは数日間薬を飲みすぎていたのである。その結果、恒久的な後遺症が残り、以後アダムはすっかり変わってしまった。彼には活気がほとんどなくなり、動き回ったり自分の行動を制したりする能力の大半を失った。歩くには助けが必要となり、しばしば運んでもらわなければならないことさえあった。発作は頻度を増し、体力を消耗させるものとなった。お腹の不調やその他の不具合で気分があまりすぐれない時、彼は母親か父親を見つけて静かに寄りそっては優しく抱きつくのだった。彼はこの姿勢が大好きで、長い時間満足そうに休むのだった。

わたしがアダムのことを尋ねると、レックスは語る。「アダムはわたしたちの平和の源でした。静かにそこにいるだけで、彼はいつもわたしたちを自分の中の静かな場所へと連れ帰ってくれました。そうして、家庭の中に愛情のこもった雰囲気を創り出してくれました」。

しかし、マイケルとアダムの世話をするためにジーンと彼自身がこなさなければならなかった莫大な量の仕事のことはあまり話さない。体を持ち上げること、入浴、髭《ひげ》剃り、食事、洗濯、着衣や脱衣の手伝い、学校やデイプログラム、医者や専門家への対応など——それはたいへんな仕事だった。

ジーンは、自分が危険なレベルの高血圧だと診断された時、マイケルとアダムを長期間預けられる障害者の施設を探すようにと忠告を受けた。レックスとジーンにとって、これは親として考えられないような宣告だったが、彼らは二人の少年を家庭にこれから先ずっと置いておくことができないということもわかっていた。アダムもマイケルも青年になりかけており、その世話は大仕事だった。彼らに新しい環境を見つける時が来ていた。とはいえ、どこに行けばよいのだろうか？

両親はラルシュ・デイブレイクを知っていた。彼らの小さな信仰グループの中にこの共同体の人々が数人いたからである。ラルシュは、至福の教えすなわち「心の貧しい人々は幸いである、天の国はその人たちのものである」以下のイエスの教え（マタイ五・三―一二）に基づいて、一九六四年にカナダ人ジャン・ヴァニエによって創設された共同体の国際的な連合組織である。各共同体はごく普通の地域にあるいくつかのホームからなっており、そこで障害を持つ人々とアシスタントたちが相互扶助の精神に基づいて生活を分かち合いながら共に暮らしているのである。ラルシュの信念によれば、「知的ハンディを持つ人々はしばしばもてなし、好奇心、自然さ、率直さという資質を有して」おり、「周囲の世界に心の本質的価値を思い起こさせる生き証人である」（ラルシュ憲章）。

アーネット家の人々は何度かデイブレイクを訪れたことがあった。そこの人々が素晴らしいということを知ってはいたが、子どもたちを未経験の若いアシスタントたちの手に委ねることは想像しがたいことだった。両親としてそこには愛と配慮が溢れているのはわかったが、デイブレイクはたくさんの人々をかかえた大集団であり、行き当たりばったりの態度すら見られた。マイケルとアダムの両親は息子たちのニーズが満たされないのではないかと心配した。にもかかわらず、彼らは真剣に下調べをした。そして、デイブレイクがこれまでてんかんなど特別な医学的ニーズを持つ者を迎え入れた例がないこと、現在の共同体にはアダムのように多くのニーズをかかえたメンバーを迎え入れる設備が整っていないこと、マイケルならば歩くことができるし、ある程度の自己管理ができるので、メンバーとなれることを告げられたのだった。

長く苦痛に満ちた探索が続いた。その間、両親は数多くの機関や施設を訪れ、アダムを収容できるいくつかの施設の状態を見て驚愕し、衝撃を受けた。そこでは、人々は悪臭のただよう陰気で孤独な環境で暮らさなければならなかったからである。レックスは、それまで生きてきた中でこの時初めて絶望を経験したという。

彼らはデイブレイクに再び赴いた。空きができて、マイケルはデイブレイクの「グリーンハウス」に渋々引っ越した。その後、アダムは両親の家にほど近い長期療養病院に収容された。両親は彼を毎日見舞うことができ、それは以後五年間にわたって続けられた。

この過渡的な歳月は、マイケルやアダムにとっては言うにおよばず、レックスやジーンにとっても長い煉獄《れんごく》だった。マイケルは家庭の気楽さと心遣いを失ったことをたいへん悲しみ、当初はデイブレイクがいやで、失ったものをすべて取り戻すために家に帰りたいと懇願するのだった。アダムはといえば、長期療養を要する他の人々と一緒の病棟という人間味のない環境に置かれ、体重ばかりか一人で立ったり歩いたり動き回ったりする能力までも失っていった。二人の息子との関係で自分たちのアイデンティティを築き上げてきたレックスとジーンにとって、これは胸の痛むことだった。息子たちのことを知らず、自分たちが注いできたほどの愛と注意を注ぐことなどできるはずもない他人の世話に、今や二人を委ねなければならないのである。「他に打つ手はないのだろうか？」「いったいアダムは居場所《ホーム》を見出せるのだろうか？」と彼らは絶え間なく自問した。

❖

アダムの生涯のこのような子ども時代を思う時、わたしはイエスの家庭生活との間に大きな類似点を見出さずにはいられない。イエスは権力と力に包まれてやって来たのではなかった。彼は弱さをまとってやって来た。彼の生涯の大部分は隠され、赤ん坊、幼児、苦闘する若者、成熟した大人として、ふつうの人間の姿をとった。アダムの隠された人生はナザレのイエスの隠された人生と同様だった。たとえアダムも両親もそう考えなかったにせよ、それは多くの人々に対する奉仕の時への見えざる準備期間だったのである。

母ジーンとアダム
（デイブレイク入所以前）

わたしはアダムが第二のイエスだなどと言っているのではない。わたしの言いたいことは、イエスの傷つきやすさのおかげで、極端に傷つきやすいアダムの命をこの上なく重要な霊的意義を持った生命として理解できるということである。アダムは比類のない英雄的資質など持っていなかった。新聞が優れた者として書き立てそうなことには縁がなかった。けれども、アダムは自分の破れを通して神の愛を証しするように選ばれたのだとわたしは確信している。こう言ったからといって、彼を美化するわけでも感傷的になっているわけでもない。わたしたちすべてと同じくアダムは限界を持つ人間だった。大部分の人よりさらに大きな限界を背負っており、言葉で自分を表現することができなかった。しかし、彼はまったき人間であり祝福された男でもあった。その弱

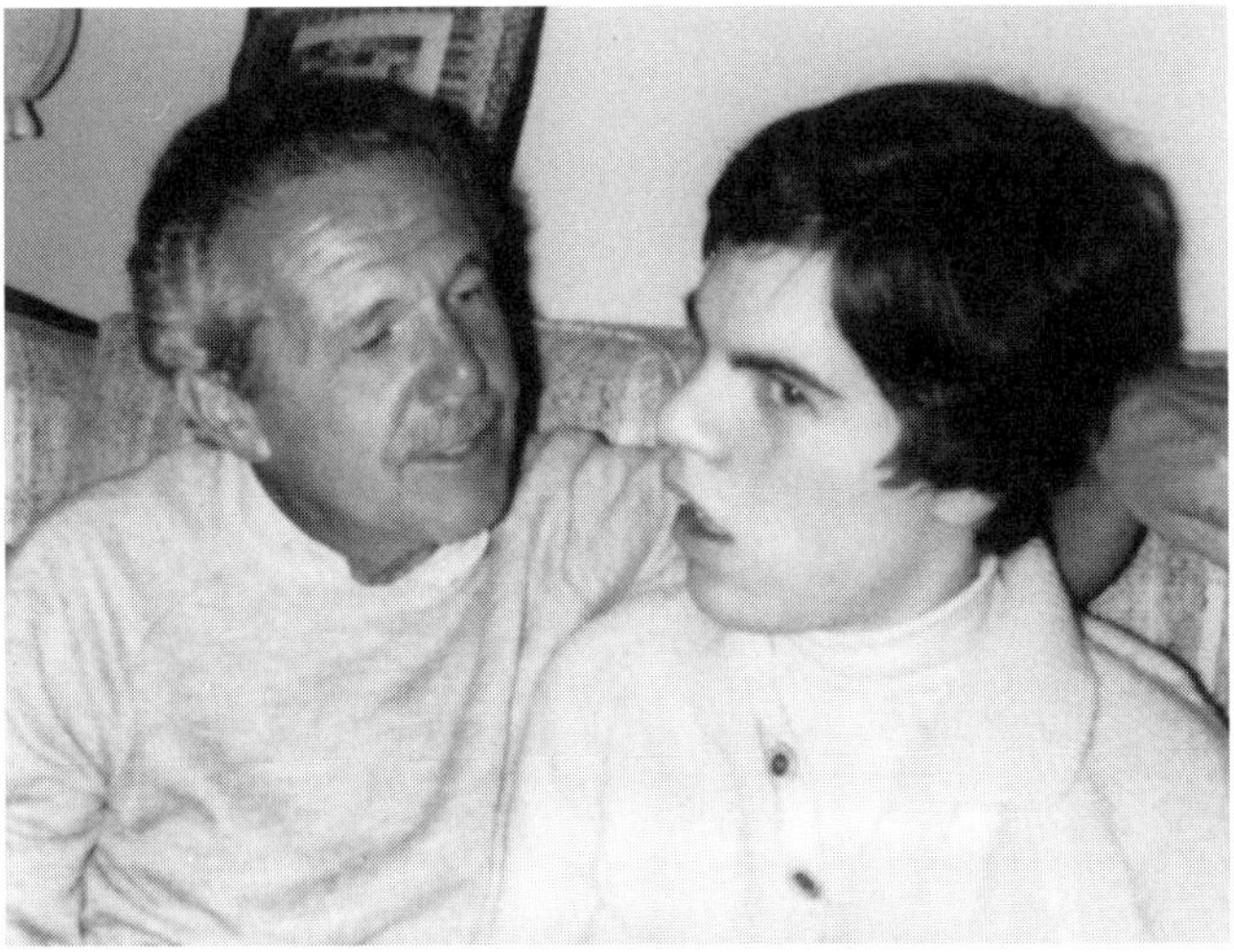

父レックスとアダム（デイブレイク入所以前）

さにおいて彼は比類のない神の恵みの道具となった。わたしたちの間におけるキリストの啓示となったのだ。

アダムは輝くような内なる光を持っていた。それは神のものであった。彼には自分の内なる空間を満たす、気晴らしや執着や野心がほとんどなかった。したがって、アダムは神のために心を空しくするための霊的訓練を行う必要がなかった。いわゆる「障害」によってこれをすでに授かっていたのだった。彼にとって、神は決して知的ないし情緒的な探求の題目ではなかった。彼が神に愛されていることや神に似ていること、さらに彼に平和の使命《ミッション》が託されていることは、イエスの場合と同じく、彼を神から遣わされた者として喜んで受け入れる者たちだけが認知できる事柄だった。

大部分の人々の見方によれば、アダムは家族や共同体や社会全体にほとんど寄与せず、その重荷としかならない障害者だった。しかし、そのように見られる限り、彼の真理は隠されていた。受け取られないものは与えられなかったのである。

だが、アダムの両親が彼を愛したのは、単に彼がアダムだったからである。まさに両親は彼が彼であるゆえに彼を受け入れて愛したのだった。しかも、神がその祝福をもたらす道具とするために徹底した傷つきやすさにおいてわたしたちに遣わした者として、知らず知らずのうちに彼を迎え入れたのだった。アダムに対するこの視点はすべてを徹底的に変えてしまう。なぜなら、アダムはその時、大切な特別の人、すなわち賜物に恵まれた素晴らしい約束の子として姿を現すからである。

アダムの透明性のおかげで、後にわたしたちはデイブレイクにおいて、さらにはデイブレイクを越えて、神の無条件の愛の一端に気がつくようになった。アダムの驚くべき現臨《プレゼンス》と素晴らしい価値はわたしたちを照らし、わたしたちも彼のように恵まれ、愛されている神の貴重な子どもであることを理解させてくれることになった。わたしたちが自分を富んでいるとみなすか貧しいとみなすか、聡明だと考えるか障害を持つと考えるか、顔立ちが良いと思うか魅力がないと思うか、そんなことは関係なかった。彼は霊的教師として、他の誰にも触れられたくない内面の世界へとわたしたちをいつもそっと導き、一人ひとりが自分の真の召命を生き抜けるようにしてくれた。彼との関わりの中で、わたしたちはいっそう深い真のアイデンティティを発見するようになった。

しかし、このような約束はすべて彼の子ども時代にはまったく隠されていた。アダムの両親が息子についてこのような視点から語ったり考えたりすることなどなかっただろう。イエスの両親もそうだったに違いない。しかし、だからといってアダムの人生の神秘に関するこのような理解を排除する必要はない。それは彼の死後徐々に生まれた理解だった。それはイエスに起こったことだった。アダムに起こったことだった。歴史上の偉大な霊的導き手とみなされる人々の大多数に起こったことだった。

神から見ると、最も重要な事柄はしばしば最も隠された事柄である。両親と一緒に自宅で過ごしたアダムの十八年間の物語は非常に平凡である。それは奇跡や異常な出来事に関する物語ではない。素晴らしいとはいえあまり普通ではない二人の少年と共に精一杯普通の生活を営もうとする、郊外の家に住む小さな家族の物語である。それはアダムの物語である。彼の美しさは、家族や少数の「光に照らされた」友人たちを除いて、出会うすべての人々からは神秘的に覆い隠されていた。

第二章　アダムの荒野

洗礼の直後イエスは御霊に導かれて四十日間荒野ですごし、そこで悪魔の誘惑を受けたと福音書はわたしたちに伝えている。霊的生活において荒野とは誘惑や試練や清めの場所である。アダムの人生にも「荒野」の時期があった。

アダムが十八歳になり政府の障害者年金を受給できるようになるまで、長期療養病院は政府の政策にしたがって、彼の受け入れを拒否した。初めて年金の小切手が届くと、ジーンはそれを病院に持っていった。病院は小切手を受け取り、アダムのためのベッドを用意した。

ジーンとレックスは病院での最初の日にアダムの同室者に紹介された。それは寝たきりで意思の伝達ができない八十歳の脳卒中患者、多発性硬化症に苦しむ柔和な男性、そして職業上の事故で首を折って麻痺した若いジャマイカ人だった。部屋は広く、大きな窓が二つあった。アダムのベッドはドアの近くにあった。

次の日、ジーンが午後の面会に来ると、アダムは起きあがって服を着て静かに座っていたが、車椅子に手と腰と足が縛りつけられていた。ショックと驚きと怒りと悲しみが込み上げ、彼女はスタッフに、アダムは決してどこかに行ってしまうことはないから、縛りつける必要などないと言った。そうこうするうち、スタッフはアダムとアダムのニーズを知るようになった。

病院は人手不足だったので、患者の周囲にはほとんど人がいなかったし、患者を部屋から連れ出したり心身を刺激したりするためのプログラムもなかった。身体的治療は定時に行われ、食事は届けられたが、生活は単調で退屈で孤独だった。

まもなく、アダムに正午と晩の食事を与える責任は両親が引き受けるようになった。両親が来られない時は、依頼や申し出により友人たちがやって来てアダムに食事を与えた。これがアダムに面会や会話や特別のご馳走をもたらしたが、それは彼を知る人々だけが差し出すことのできるものだった。

アダムは、荒野の経験を生きた五年間、病院生活に関する感情や思いを一度も口にしなかった。彼には生活の改善を求めて抗議したり運動したりすることができなかった。孤独や痛みや不満を表すことさえできなかった。昼も夜も何時間にもわたってただ一人沈黙して、忍耐強く安らぎの場所《ホーム》を待っていた。

週末アダムはきまって帰宅した。レックスは、「彼はとっても柔和な魂の持ち主で、わたしたちは彼と一緒に過ごすのが大好きでした」と語る。ジーンとレックスは、生活をアダムにとってできる限り心地よいものにしようと必死だったが、主要な関心事はアダムのためにホームとなりそうな場所を見つけることだった。彼らは探し続けた。アダムに適する場所を求めてオンタリオ州のあらゆる地域のホームや機関や施設を訪れた。

ある日、レックスはアダムがまた発作を起こし、あごを打って前歯を歯茎に食い込ませてしまったのを発見した。誰もこの出来事に気づかなかったので、どの位の間アダムが治療と救援を待っていたのか彼にはわからなかった。レックスが助けを求めると、スタッフには歯科医がいないので、かかりつけの歯医者にアダムを診てもらうようにと指示された。今回、アダムは前歯を二本失った。

レックスとジーンはアダムの同室者ピーターと親しくなった。ピーターは濃くて黒いぼさぼさの髪をしていたので、時々かなりぎょっとさせられることがあった。けれど、実際は忍耐強い柔和な男だった。彼はある意味でアダムの代弁者となった。ジーンとレックスがやって来ると、ピーターは二人に向かって、昨夜はアダムには悪い夜だったとか、今日は発作がなかったとか、アダムの友人が面会に来ていたとか話すのだった。ピーターにはトロントのジャマイカ人コミュニティに属する友達がいて、よく見舞いに来たが、一番大切にしていたのは母親の見舞いだった。彼女は月に一度ニューヨークからバスでやって来て、ピーターのために用意したジャマイカ料理と愛情とでわずかな「家庭《ホーム》の香り」をもたらすのだった。ピーターはレックスやジーンやアダムやその友人たちも大好きだった。彼らはピーターと語り合い、彼が長く孤独な日々を過ごすための力となっていた。

❖

アダムにとって病院時代は疑いなく荒野だった。ちょうど神の御霊がヨルダン川でイエスに臨み、その後、彼を荒野へと追い立てたように、同じ御霊が家庭時代のアダムを覆い隠し、その後、彼をこの浄めの地へと駆り立てたのだった。これは誘惑の時であった。多分アダム自身にとってというより、彼の中に賜物を見出し、彼を「平和の源」と呼んでいた人々にとってそうであった。彼らはアダムにより良い場所を探したが、その結果に失望した。社会がその周縁部にいる人々に対して持つ意識によって意欲をくじかれたのだった。大きくて個性が大切にされず、機械的に運営されている人手不足の場所で、誰がこの美しい神の人に気づいただろうか。アダムや他の「患者」仲間がすべて人間としてではなく、ケアの対象として扱われるような状況で、誰が彼のユニークさを認知し得ただろうか。入浴させたり食事を与えたりする時間さえほとんどないような時に、誰がアダムの人生を祝うことなどできただろうか。アダムの神聖な出生と聖なる使命を忘れさせようとする圧力が存在したのである。

アダムはこの世に福音をもたらすために派遣された。それはイエスの使命《ミッション》であったように、彼の使命でもあった。アダムは極めて単純に、静かに、そして独自の仕方でそこにいた。彼はまさに自分の生そのものによって素晴らしい神の神秘、すなわち「わたしは神から生まれた貴重で完全な愛された者だ」という神秘を告げ知らせる人だった。アダムはこの神秘に対して沈黙の証しを行った。それは彼が話したり歩いたり自己表現したりできるかどうか、お金を稼ぎ仕事を持ち時流に乗り有名であるかどうか、結婚しているか独身かといったこととはまったく関係がなかった。ただ彼の本性と関係していた。彼は神の愛する子であったし、今もそうである。それはイエスが来て告げ知らせたのと同じ使信であり、あらゆる貧しい人々がまさに自らの弱さにおいて、また弱さを通して宣べ伝え続けているのと同じ使信だった。

命は賜物である。わたしたちは一人ひとりユニークな存在であり、名前によって知られ、わたしたちを造られた方によって愛されている。不幸なことに、この世界からわたしたちのもとに絶え間なく届く非常にやかましく強力なメッセージがあり、そのおかげでわたしたちは、自分が愛されるに値する者だということを外見や持ち物や業績によって証明しなければならないと信じこんでいる。わたしたちはこの人生において「やり遂げる」ことに夢中になっている。そして、わたしたちを自由にしてくれる自らの起源と終極に関する真理をなかなか理解しないのだ。わたしたちは何度も何度も繰り返し使信の告知を耳にし、それが具現化されるのを目にする必要がある。その時初めてわたしたちはその真理を肯定し、これによって生かされる勇気を見出すのである。

イエスは生きている間に大したことを成し遂げはしなかった。彼は失敗者として死んだ。アダムもまた大したことを成し遂げなかった。彼は生まれた時と同じ貧しさの中で死んだ。にもかかわらず、イエスもアダムも共に神の愛する子だった。イエスは生まれつきそうであり、アダムは「養子関係」によってそうであった。そして二人とも、子であることを人に示すべき唯一のこととして、わたしたちの間で生きたのだった。それが彼らに託された使命だったのだ。そして、それはわたしの使命でもあり、あなたの使命でもある。それを信じ、それに生かされることが真の聖性なのである。

❖

病院での歳月はアダムの隠れた人生の最後の月日だった。彼と出会い、彼を助けながらも、その美しい霊や尽きることのない忍耐力や柔和な心を認めたり受け止めたりできなかったほとんどの教師、医者、看護人、歯科医、ソーシャルワーカー、牧師、公務員にとって、アダムは実に様々な形ではあれ単に「顧客」に過ぎなかった。

しかし、レックスやジーンやその友人たちはアダムの真理を生かし続けた。彼らはアダムの障害だけに目を向ける誘惑に打ち勝った。実際、彼らはアダムが石をパンに変えたり、高い塔からけがもせずに飛び降りたり、大きな富を獲得したりすることができないことを受け入れたが、彼にはこのような世的なことをする必要など何もなかったのだ。それは、彼らが心の内奥で彼が愛されるべき者であることを知っていたからである。この神的な知識によって、彼らは五年以上にもわたってアダムのためのホーム、すなわち彼が自分の賜物を発揮し独自の働きを行える場所を探し続けたのだった。

デイブレイクにはアダムほどに大きな身体的・医学的援助を必要とする人を受け入れる備えがなかった。しかし、時とともに両親とデイブレイクの人々の間に友情が芽生えていった。マイケルを中心《コア》メンバーの一人としてすでに受け入れていた共同体は、レックス、ジーン、アダムの大きな悲しみをも理解するようになった。アダムがデイブレイクで兄と共に暮らすべきであり、それを実現させるためにはあらゆる手はずを整えなければならないということが少しずつわかってきたのだった。

デイブレイクの準備は長くかかった。大きな身体的・医学的必要をかかえる人々へのケアを学ぶために、アシスタントの一人がフランスのラルシュに派遣された。ニューハウスの一部が改装され、特別の浴室や壁にそった手すりが設置され、また車椅子が使えるようになった。リッチモンドヒルのラルシュ共同体全体の中心メンバーたちに昼間の活動を提供するために特別なプログラムが始められた。一年以上もかかったが、とうとうアダムを新しいホームに迎える準備が万端に整った。レックスとジーンには希望が生まれた。弟と暮らすことを何年間も待ち続けていたマイケルは喜んだ。マイケルの弟を迎え、今やその使命を拡大して従来よりも重度の障害を持つ者を受け入れようとしているデイブレイクの人々には、期待といくらかの恐れと大きな興奮があった。

一九八五年五月一日、レックスとジーンは二番目の息子がデイブレイクのニューハウスに引っ越すのを手伝った。マイケルは喜びに溢れていた。ジーンはアダムの新しい部屋で家具や衣類を整理しながら泣いていた。レックスはアダムの荷物を車から降ろしながらアシスタントたちと冗談を交わしていた。アダムの公生涯が始まろうとしていた。

第三章　アダムの公生涯

一九八六年八月、わたしはアダムに初めて出会った。デイブレイクに到着すると、わたしは共同体にある八つのホームの一つであるニューハウスの地下に寝室を与えられた。このホームとそこに住む人々は、デイブレイク全体においてわたしが第一に帰属するところとなった。わたしは、ここでラルシュの典型的なホームでの日常生活を学ぶことができた。

アダム以外の同居者たちにも出会った。ある大きな障害者施設で五十年間も暮らしていた七十五歳のロイ、ダウン症候群を持つ三十代のジョン、二十二年間の人生のうち二十年を養護施設で過ごし

ラルシュ・デイブレイク

たロージー、家族との連絡が途絶え、重度の脳性麻痺に苦しむ二十代初めのマイケルである。これらの障害者たちはその周りに形成される共同体生活の中心なので、デイブレイクでは「中心《コア》メンバー」と呼ばれている。ホームにいるアシスタントたちはいくつかの異なる国からやって来た若い男女であった。彼らは一年ないしそれ以上の予定で滞在し、ニューハウスの中心メンバーたちと一緒に生活しながら、共に家庭《ホーム》のような環境を創り出しているのだった。

ラルシュの使命は中心メンバーと「共に生きる」ことであると言われたので、わたしはニューハウスに住む人々全員と共に生きる新しい生活に乗り出した。手仕事や料理や家事などはわたしにはなじみのないものだった。オランダや米国の大学で二十年にわたり教鞭《きょうべん》を執り、その間、家庭作りには大した注意を払ってこなかったし、障害を持つ人々と親しくなったこともなかった。家族や友人の間でわたしは日常のことに疎いという風評を買っていた。友人たちはわたしのことをしばしば「上の空の教授」と呼ぶのである。

しかし、上の空であれどうであれ、わたしはすぐに「ヘンリ、朝、アダムの支度を手伝っていただけない？　アダムの朝の日課のことよ」と頼まれた。アダムを手伝うとは、午前七時に彼を起こし、パジャマを脱がせてバスローブを着せ、浴室まで連れて行き、髭《ひげ》を剃ってから入浴させ、その日着る服を選んで着せ、髪をとかし、キッチンまで一緒に歩いて行き、朝食を用意し、彼が朝食をとる間その傍に座り、ものを飲む時はコップを支え、歯を磨き、コートと手袋と帽子を着せ、車椅子に乗せて、くぼみだらけの道をデイブレイクのデイプログラムへと押していくことだった。デイプログラムで彼は午後四時まで過ごすのだった。

わたしは呆然とした。わたしにそんなことができるとはまったく思えなかった。「もし彼が転んだらどうしよう？　歩く時どうやって支えたら良いのだろう？　もし彼に痛い思いをさせて、彼が何も言えなかったらどうしよう？　もし発作を起こしたら？　もし風呂を熱くしすぎたり冷たくしすぎたりしたらどうしよう？　もし彼を傷つけてしまったら？彼にどうやって服を着せるかさえわからない。失敗しそうなことが山ほどある。その上、この男のことを知らないし、わたしは看護師ではない。こういうことに関する訓練など受けていない！」こういうたくさんの反論が心に浮かんだ。ほとんどは単に思っただけだったが、そのいくつかをわたしは口に出した。しかし、返答は明瞭で確固として安心させてくれるものだった。「大丈夫ですよ。何よりもわたしたちがお手伝いしますし、慣れるまで時間を十分あげましょう。もう大丈夫だと感じたら、一人で全部やってごらんなさい。その時でも何か疑問があれば、すぐにわたしたちを呼んでください。少し時間はかかるでしょうけど覚えられますよ。日課を覚えたら、アダムと知り合いになれるし、彼もあなたを知るようになりますよ」。

そこで、わたしはびくびく震えながら取りかかった。わたしはこの最初の日々を今でも覚えている。他のアシスタントたちの助けがあってさえ、アダムの部屋に入り、この見知らぬ人間を起こすのが恐かった。その重い息づかいと絶え間ない手の動きはわたしを非常に自意識過剰にした。わたしは彼を知らなかった。彼がわたしに何を期待しているのかわからなかったし、彼を動転させたくなかった。さらに、他の人々の前で愚かなことをしたくはなかった。笑われたくなかったし、当惑の原因にもなりたくなかった。

始めのうち、他の人々とのように話したり遣り取りしたりできないなかでアダムと仲良くするにはどうすれば良いかわからなかったので、わたしは日課に専念した。この最初の日々、わたしは彼を自分とは非常に異なる人間と感じていた。彼が話せなかったため、意志の疎通ができるとはまったく期待していなかった。彼の呼吸がしばしば聞こえなくなると、また呼吸が始まるのかどうかいぶかしく思った。彼は時折両手でものをバンバンたたき、指を内へ外へと絡み合わせることがあったが、わたしには何かが彼を悩ませているのだろうと想像できても、それが何であるか見当がつかなかった。歩く時は背後に回り、わたしの体と両腕で彼を支えなければならなかったが、彼がわたしの足につまずいて倒れ、怪我しないかとわたしは絶えず心配した。さらにまた、彼が浴槽やトイレに座っていても、朝食中であっても、休んでいても、歩いていても、髭剃りの最中であっても、大発作がいつ何時起こるかもしれないということを気にしていた。

最初、わたしは「どうして君たちはわたしにこんなことをするように頼んだのだ？ どうしてわたしは引き受けてしまったのだ？ 自分はここで何をやっているのだ？ 毎日こんなにもたくさんの時間をわたしから奪っているこの見ず知らずの男は誰なんだ？ このハウスの人々の中で一番無能なわたしが、どうして、もう少し手のかからない人ではなくアダムの世話をしなければならないのだ？」と自問し、また他の人々にも問いかけた。しかし、答えはいつも同じだった。「そうしてアダムと知り合いになるためですよ」。さて、これはわたしには謎だった。アダムはしばしばわたしを見て、目でわたしの後を追った。しかし、彼は話すこともなければ、質問に答えることもなかった。わたしが何か良いことをしてもアダムは微笑まず、過ちを犯しても抗議しなかった。彼がわたしを認識できるのかどうかさえいぶかしく思った。どうやって彼と知り合いになるというのだ？　わたしは自問した。彼は何を考え何を感じているのだろうか？　彼のわたしとの経験はどんなものなのだろう？

始めの二、三週間、わたしは浴室から叫び通しだった。「どうか助けてくれ。どうか来て手を貸してくれ。アダムを浴槽に入れられないんだ。アダムの歯ブラシが見つからないんだ。これが彼の作業用ズボンなのか正装用ズボンなのかわからないんだ。かみそりを取って来るまで、どうか彼のそばに座っていてくれないか。彼を一人にしておくなんてできやしない」。彼らはいつも来てくれた。それはアネイカ、レジーナ、D・J、スティーブ、またはたまたますぐ近くにいた他の誰かであった。「根気強くおやりなさい、ヘンリ」と彼らは言い続けた。「あなたは彼を知り始めたばかりなのよ。すぐにベテランになるわ。すぐに彼を愛するようになるわ」。わたしはあまりにも神経質になっていたので、「アダムを愛する」が何を意味するのか想像できなかった。

やってみた限りでは、わたしにはなんとも合点がいかなかった。君たちには、最重度の障害者を介護するために最良の訓練を受けた人々がいるはずではないのかい？最も困窮している人には最良の人をあてがうのと違うかい？　しかし、アシスタントたちは、ここでは自分たちを介護人と患者、あるいはスタッフとクライアントとはみなさないのだとわたしに言い続けた。ある者はアシスタント、ある者は中心メンバーなのだ。それぞれ——そう、それぞれの人——がまことにアマチュアなのだ。この言葉の文字通りの意味は「愛する者」なのだ。

ニューハウス

しかし、わたしは当初そのことを意識していなかった。しばらくの間、わたしの全注意は物事を正しく行うことと間違いをできる限り犯さないことに向けられた。そうしてとうとう日課を覚え、自信を持ち始めた。だが、アダムがわたしを信頼していたかどうかはわからない。

アダムを起こして寝室から浴室へ、さらに浴室からキッチンへ伴い、キッチンから車椅子に乗せてデイプログラムへと送り出すまで普通二時間かかった。やっとそこへ送り出すと、深い安堵を感じて、普段の仕事に向かった。それは講義、手紙の口述、カウンセリング、電話かけ、集会の指導、説教、さまざまな儀式の司式といった事柄であり、わたしが落ち着きと有能さを感じる世界だった。

とはいえ、始めからわたしには特別の恩恵にあずかっているという感覚があったことを付け加えておかなければならない。アダムを助けるのをニューハウスの若いアシスタントたちが励まし続けてくれたこと、そしてわたしにもそれができることを示し続けてくれたことに感謝した。試してみるには年を取りすぎている、ぎこちなく無器用すぎる、また未経験すぎるということで免除されなかったことに感謝した。しかし、何よりも名誉に感じたことは、ハウスで――そうだ、全共同体で――最も弱く最も重度の障害を持つ男がわたしに任されたことだった。これこそラルシュの意味するものなのだということをわたしはある程度知っていた。最も弱く最も傷つきやすい人々を中心において、彼らのユニークな賜物を探求するのである。アダムはデイブレイクの他の誰よりも弱く傷つきやすかった。そして、わたしという誰よりも無能な者にケアのために委ねられたのだった……しかし、ただケアのためだけではなかったのだ。

❖

ゆっくりと、非常にゆっくりと状況が変化し始めた。そして、前より自信と余裕ができたおかげで、わたしの心は人生の旅路を共にすることになったこの男との本当の出会いに向けて開かれていった。

アダムと一緒に「仕事をする」につれて、わたしは自分がデイブレイクのど真ん中にいることに気がつき始めた。ラルシュの創設者ジャン・ヴァニエは、「ラルシュは言葉のまわりでなくて体のまわりに造られているんだ。他者《ひと》の体を委ねられているとはとても名誉なことなんだ」と何度わたしに語ったことだろう。わたしの全人生は言葉、思想、書物、百科事典で形作られていた。しかし、今や優先事項は変化しつつあった。わたしにとって重要となりつつあったのはアダムであり、また彼と共に過ごす名誉ある一時だった。それは彼がきわめて傷つきやすい自分の体をわたしに差し出す時、すなわち自分自身をわたしに委ねて、服を脱がせ、入浴させ、服を着せ、食事をとらせ、あちこち歩き回らせてもらう時だった。アダムの体の傍らにいることで、わたしはアダムと親しくなった。そして、ゆっくりと彼を知るようになった。

告白しなければならないが、アダムの「日課」の後ですることになっている事柄が気がかりで、いらいらする時もあった。すると、彼の人格を忘れてせかし始めてしまうのだった。意識的に、しかし大概は無意識の内に急いで彼の腕を袖に押し込んだり、足をズボンに押し込んだりするのである。次の仕事にかかれるように、確実に午前九時までに終えてしまいたかったのだ。まさにここで、わたしはアダムが意志疎通のできることを学んだのだった！　彼はわたしの心が本当は彼のもとにないこと、彼より自分の予定の方を気にしていることをわたしに告げるのだった。何度か非常に急いでいた時、彼は大発作で応えたことがあった。わたしはこれが彼の「もっとゆっくり、ヘンリ！　もっとゆっくり！」と言う術だと気がついた。なるほど、これは確かにわたしをゆっくりさせた。発作は彼をすっかり消耗させたので、わたしはしていたことを全部やめて、彼を休ませなければならなかった。もし悪い発作であれば、彼をベッドに連れ戻り、激しく震えないように毛布を何枚もかけなければならなかった。アダムはわたしに意志を伝えていた。そして、急がず優しく傍らにいてほしいこと、その必要があることをわたしに一貫して思い起こさせた。彼はわたしが喜んで彼のリズムに従い、自分のやり方を彼のニーズに合わせるつもりがあるかどうかを明確に問うていた。わたしは自分が新しい言語、すなわちアダムの言語を理解し始めたのに気がついた。

わたしはアダムに語りかけ始めた。彼が聞いているか理解しているかは定かでなかったが、彼について、自分について、わたしたちについて、わたしが何を感じ何を考えているかを伝えたかった。彼が言葉で応答できないことは、わたしにとってもはやどうでも良いように思われた。わたしたちは友情を育みながら一緒にいた。そして、わたしはそこにいることが嬉しかった。間もなくアダムは非常に信頼できるわたしの聞き手となった。天気について、わたしたちを待っている一日について、彼の一日やわたしの仕事について、彼のどの洋服がわたしの一番のお気に入りかについて、彼に与えようとしているシリアルの種類について、その日彼と共に過ごすことになっている人々についてわたしは彼に話した。とうとうわたしは自分の秘密までも打ち明けるようになり、自分の気分や不満、心地よい人間関係や難しい関係、祈りの生活について彼に話した。これらすべてに関して驚くべきことは、アダムがわたしのために本当にそこにおり、その全存在をあげて傾聴し、わたしに安心できる空間を提供してくれているということを非常にゆっくりであるが知るようになったことだった。そんなことをわたしは予期していなかった。だが、うまく表現できないが、それは実際に起こったのである。

数か月が経つにつれ、アダムと過ごす毎日の一、二時間はわたしにとって愛着を感じる時となった。それはわたしの静寂の時間、一日のうちで最も内省的で私的な時間であった。実に、それは長い祈りの時のようになったのだ。非常に静かにアダムはわたしに「言い」続けた。「ただ僕と一緒にいてね。他のどこでもなく、ここが君のいるべきところだという ことを信じて……」と。オフィスで仕事をしたり人々に話をしたりしていると、時折ふとアダムが心に浮かんだ。わたしは彼のことを生活の中心にある沈黙した安らかな現臨《プレゼンス》と考えた。時々、物事が十分うまくあるいは十分速やかにはかどらず、心配したりいら立ったり不満を感じたりしていると、アダムが心に浮かび、台風の目のような静けさへとわたしを呼び戻してくれるように思われた。立場が逆転しつつあった。アダムがわたしの教師となりつつあった。彼は手を取ってわたしを導き、わたしの人生の荒野を通って混乱したわたしと共に歩いていたのだ。

しかも、それにとどまらなかった。毎日の彼との時間は、始めに気がついたよりもはるかに深い絆をわたしたちの間に創り出していた。アダムは、わたしがデイブレイクだけでなく自分自身の中に根を下ろすのを助けてくれていた人間だったのだ。彼とその体に対する親密さのゆえに、わたし自身とわたし自身の体もまた自分にとって親密なものとなっていった。あたかもアダムがわたしを大地へ、存在の根拠へ、生命の源へと引き戻し続けているかのようであった。話すにしても書くにしても、多くの言葉はいつもわたしを誘って、平凡な生活の日常性や美しさとの接点を失って高尚な概念や観点へと昇っていかせようとした。しかし、アダムはこれを許さなかった。まるで、「ヘンリ、君は僕のように体を持っているだけではないよ。君は体なのだ。言葉を肉体から切り離してはだめだ。君の言葉は肉となり、肉のままでなければならないんだ」とわたしに言っているかのようだった。アダムはわたしとの関わりを深め、わたしの生活の中心となっていった。わたしはアダムとの真実の関係と愛を経験し始めた。

アダムはもはやわたしにとって見知らぬ人ではなかった。彼はわたしの友、信頼に値する伴侶となりつつあった。そして、わたしがずっと前から知っていなければならなかったはずの事柄を、まさにそこにいるという事実によって説明してくれた。すなわち、わたしは人生で最も欲していたもの――愛、友情、共同体、深い帰属感――を彼と一緒に発見しつつあったのだ。わたしたちが一緒にいる時、アダムの非常に柔和な本性はわたしと語り続け、彼は極めて深遠な方法で愛についてわたしに教え始めたのだ。わたしは、アダムがどこか深いところで自分が愛されているのを「知っていた」と確信している。彼はまさに魂でそれを知っていた。アダムは愛について考えることはできなかった。人間存在の中心であり、そこで愛を与えたり受けたりする人間性の中核である心について考えることはできなかった。自分の心やわたしの心や神の心の動きについて語り合うことはできなかった。

言葉では何もわたしに説明できなかった。しかし彼の心はそこにあった。完璧に息づいており、与えたり受けたりできる愛で満ちていた。アダムの心は彼を最大限に生き生きとさせていた。

アダムと親しくなるにつれ、わたしはその極めて美しい心を彼の真の自己への入口、彼の人格や魂や霊への入口と考えるようになった。たいへんに澄みきったアダムの心は、わたしにとって彼の人格ばかりでなく宇宙の心、そしてまさに神の心をも写していたのだった。多年にわたる研究や思索や神学教育の後にアダムがわたしの人生に現れ、わたしがかつて学んだすべてのことをその命と心で告げ知らせ、要約してみせたのだ。

わたしは神のみ言葉が肉となったことを信じてきた。また、神的なものが人間的なものに顕われたのは、あらゆる人間的な物事が神的なものの顕現となるためであると説教してきた。アダムは他の人々とやって来て礼拝し、わたしの説教を聞いた。彼がわたしの前の椅子に座ると、わたしはアダムの中で彼の神的な意味が明らかになるのを「見る」のだった。アダムの心には神のみ言葉が親しく沈黙して宿っていたと信じている。わたしたちが共に過ごす時、アダムはその親しい宿りへとわたしを導いていったが、そこでは彼とわたしの人間性の最深の意味が浮かび上がるのだった。

アダムの人間性がその障害によって減じられることはなかった。アダムの人間性は完全な人間性だった。わたしにとっても、彼を知るようになった他の人々にとっても、それは完全な愛が目に見えるようになるところだった。いやそればかりか、わたしは、それまで人間同士の愛と関係あると考えてきた感情や情緒や情熱のほとんどを超越する愛で、アダムを愛するようになった。アダムは「君を愛してるよ」と言うことはできなかったし、わたしを自発的に抱擁したり感謝の念を言葉で表現したりすることもできなかった。にもかかわらず、わたしはあえて言いたい。わたしたちは、どんな愛とも同じくらい肉体的であり、同時に真に霊的な愛で互いに愛し合っていた、と。わたしたちは心において結ばれた友人であり兄弟であった。アダムの愛は純粋で真実だった。それはイエスにおいて神秘的ながら目にすることのできる愛と同じ愛だった。それは触れた者を誰でも癒す愛だった。

ラルシュの会合や黙想会に行くと、わたしたちはよく次のような質問を受ける。「障害を持つ人々は受け取ると同じだけ与えることができるとあなたに教えたのは、ホームのどなたですか？　あなたを共同体に根づかせたのはどなたですか？　あなたを障害を持つ人々との生活にコミットするよう促した人はどなたですか？　表面的にはこれほど退屈でどうでもいいように見える生活に対してイエスと言うようにあなたを招いた人はどなたですか？」わたしはいつも「アダム」と答える。アダムはあまりに完全にわたしたちに依存していたので、わたしを本質へ、根源へと激しく投げこんだのだった。共同体とは何か？　ケアとは何か？　愛とは何か？　生とは何か？　さらに、わたしは何者か？　わたしたちは何者か？　神とは何者か？　わたしにとってアダムはまことに生命に溢れ、これらの疑問のすべてに光を投げかけた。この経験は論理的説明によっては理解できない。むしろ、神の心においてお互いが完全に対等である事実を発見した非常に異なる二人の人間の霊的絆において、またその霊的絆を通して理解できるものなのだ。心の底からわたしは、彼が本当に必要とするケアを提供した。そして彼は、自分自身という純粋で朽ちることのない贈り物で心の底からわたしを祝福してくれたのだった。

❖

どんなふうにしてわたしは自分の身に生じていたことをすべて認識するようになったの

だろうか？

デイブレイクに到着して二、三か月たったある日、長年にわたって多くの学生に司牧神学を教えてきたある聖職者の友達がわたしを訪ねてきた。彼がやって来たのは、わたしがすっかり変化して最初の偏狭なアダム観を忘れてしまった頃だった。もはやアダムを見知らぬ人とは考えなかったし、障害者とさえ思わなかった。わたしたちは共に暮らしており、わたしにとってアダムやホームに住む他の人々との生活は極めて「普通な」ものだった。わたしはアダムの世話をすることをたいへんな名誉だと感じ、彼を客に紹介したくてならなかった。

友人は、ニューハウスに来てわたしがアダムといるのを見ると、わたしを見つめて、「ヘンリ、君はこんなところで時間を使っているのか」とたずねた。わたしは彼が動揺しているばかりか怒ってさえいるのを見た。「君が大学を去ったのは、時間と精力をアダムのために費やすためだったのか？　大学での君は、あんなに多くの者にとってあれほどのインスピレーションの源だったじゃないか。君はこんなことをする訓練さえ受けていない！　どうしてこんな仕事は訓練を受けた連中にやらせないんだ。間違いなく君の時間はもっとましなことに使えるはずだ」。

わたしはショックを受けた。思いが頭を駆け巡った。「君は僕がアダムとの時間を無駄遣いしているというのか。熟練した聖職者で司牧の指導者の君が！　アダムが僕の友であり、教師であり、霊性指導者であり、カウンセラーであり、牧者であることが君にはわからないのか」とわたしは思った。だが、口には出さなかった。すぐさま、彼の見ているアダムはわたしの見ているアダムと同じではないということに気がついたのだ。友人の言うことは彼にしてみれば理にかなったことだった。何故なら、アダムを本当に「見て」いるわけではないからであった。実際、彼にはアダムを知るようになる準備ができていなかった。

友人はアダムやホームでわたしと暮らす人々について他にも多くの質問をした。「能力のある多くの人間がろくに生き延びることさえできないでいるのに、何故そんなに大量の時間と資金を重度の障害者たちのために費やすのか」、あるいは「人類の直面している現実的な問題の解決のために用いるべき時間やエネルギーを、こんな人たちに使うことがどうして許されるのか」。

友人の問いにわたしは答えなかった。彼の「問題」を議論も話し合いもしなかった。わたしには、友人の考えを変えさせるような筋のよく通ったことは何も言えないと深く感じていた。アダムとの毎日の二時間はわたしを変えつつあった。わたしはただ彼の傍にいることを通して、あらゆる介護活動を超えた内なる愛の声を聞いていた。その二時間は純粋な贈り物であり、二人で一緒に神に多少なりとも触れる観想の一時であった。アダムと共にわたしは聖なる現臨を知り、神の顔を「見た」のであった。

長年にわたってわたしは、「受肉」という言葉を、イエスにおいて神がわたしたちのもとに来られた歴史的出来事のみに限定して用いてきた。しかし、アダムと非常に親しくなるにつれて、「キリストの出来事」は決してはるか昔の事件に限られるものではないということに気がついた。それは体において霊と霊が挨拶を交わす時いつも起こるものなのだ。それは現在も起こっている聖なる出来事なのだ。なぜなら、それは人々の間における神の出来事だからである。これがサクラメンタルな生活の意味するものなのだ。それは「神の御名において」人々が互いに出会う時にいつも起こり続けている神の受肉なのである。アダムとの関係はわたしに新しい目と新しい耳とを与えてくれた。わたしは予期していたよりはるかに大きく変えられつつあったのだ。

わたしは、アダムと共に時間と精力を費やした多数の人々の一人に過ぎなかった。八時間の睡眠時間以外は、アダムは決して一人となることがなかった。朝九時から午後四時まで、彼はデイプログラムで人々に取り囲まれ、一緒に歩いたり、水泳したり、運動したり、マッサージをしてもらったり、昼食の介助をしてもらったり、衣服を定期的に取り替えてもらったりした。この時間中、人々は絶えず彼に話しかけ、共に笑い、共に音楽を聴き、彼にとって安全でくつろげる環境を創り出すのだった。四時にニューハウスに戻ると、彼は二、三時間リクライニングチェアに座って眠ったり休んだりした。それから夕食だったが、これは、アダムが自分のスプーンやカップを操り、旺盛な食欲で訪問客たちを驚かせては、少しばかりの独立心を見せる時だった。夕食後は祈りと歌の時だった。人々は彼の手を握ったり腕を彼の肩に回したりした。アダムの兄のマイケルは忠実な訪問客であり、わたしと同じくアダムのそばに座るのが好きだった。時々話しかけはしたが、アダムと共に過ごす長い沈黙の一時に満足し幸せそうだった。ジーンとレックスはといえば、週末や休日に彼を自宅に連れて帰ったり、しばしばやって来て一緒に散歩したり、リビングルームか寝室で一緒に腰掛けたり、愛情のこもった言葉を彼の耳にささやきかけたりすることが大好きだった。各々がアダムとの関係を持っていた。各々が平和や現臨や安全や愛という贈り物を受け取ったのだった。

アダムは祈れただろうか？　神とは誰であり、イエスの名が何を意味するか彼は知っていただろうか？　わたしたちの間における神の神秘を理解していただろうか？　わたしは長い間こういった疑問を抱いていた。わたしの知っていることをアダムがどれだけ知っているか、わたしの理解していることをアダムがどれだけ理解できるかを長い間知りたいと思った。しかし、わたしにとってこれらが「下から」の問い、すなわち神の愛よりもわたしの不安や不確かさを反映した問いだったことが今のわたしにはわかる。神の問い、すなわち「上から」の問いは次のようなものだった、「あなたには、アダムに祈りへと導いてもらうことができるか？　わたしがアダムと深い交わりを持っており、彼の人生が祈りであるということをあなたは信じるか？　あなたはアダムを食前の生きた祈りとすることができるか？　あなたはアダムの顔にわたしの顔を認めることができるか？」

そして、いわゆる「健常」者であるわたしが、アダムがどれだけ自分と似ているかと思い巡らしていたのに対し、彼には比較する能力も必要もなかった。彼はただ生きていた。そして、その生によってわたしを招き、弱さに包まれながらも、わたしの変革のために差し出された彼のユニークな贈り物を受け取らせた。わたしが自分のしたことやこなした量を気にする癖があったのに対し、アダムはわたしに「生きる方が行うよりも大切だ」と告げていた。わたしのことを他者《ひと》がどう言ったり、どう書いたりしているかに気を取られていると、アダムは無言のうちに「神の愛の方が人々の賞賛より大切だ」とわたしに語った。わたしが自分個人の実績を気にしていると、アダムは「一緒に物事を行う方が一人で行うよりも重要だ」ということを思い出させてくれた。アダムは何も創り出せなかったし、誇るべき名声も持っていなかったし、どんな賞やトロフィーも自慢できなかった。しかし、まさに自分の生そのものによって、彼はわたしがこれまで出会った誰にもまして徹底的に生の真理を証ししているのだった。

❖

このような価値の完全な逆転を理解するのにわたしは長い時間がかかった。しかし、一度それを経験すると、まるで完全に新しい霊的領域に踏み込もうとしているかのようだった。今やわたしは、「あなたがたの目は見ているから幸いだ。あなたがたの耳は聞いているから幸いだ。はっきり言っておく。多くの預言者や正しい人たちは、あなたがたが見ているものを見たかったが、見ることができず、あなたがたが聞いているものを聞きたかったが、聞けなかったのである」（マタイ一三・一六―一七）というイエスの言葉の意味をこれまでよりもはっきりと理解した。福音の大いなる逆説、すなわち最後の者が最初となり、自らの命を失う者がそれを得、貧しい者が祝福を受け、柔和な者が神の国を受け継ぐという逆説のすべてが、わたしにとってはアダムにおいて受肉したのだった。

これには甘美なことや敬虔なことはなにもない。デイブレイクでアダムが暮らした十一年の間、多数の人々が彼を助けてきた。彼らは皆アダムをケアするという贈り物について、人に語って聞かせられる話をいくつも持っている。ニューハウスに来た時、アダムは二十二歳だった。彼は確かに痩せてはおらず、抱きかかえて背後から歩くのは楽ではなかった。その上、彼の健康状態の維持に必要なたくさんの運動は複雑で疲れるものだった。歳月が経つうちにデイブレイク共同体のかなりの数の人々が彼の「日課」を学んでいた。それは、ニューハウスの住人が誰も彼を助ける余裕がない時に、代わりをつとめるためだった。アダムの同居者ロージー、マイケル、ジョン、ロイも多くの配慮を必要とした。アダムと同時にニューハウスに来たロージーは、アダムに劣らず重度の障害を持っている。マイケルは知的ハンディだけでなく重い脳性麻痺を抱えており、動く度に補助が必要である。ダウン症候群を持つジョンは自分で動き回ることができるが、それでも多くの情緒的サポートと配慮を必要としている。そして、共同体では最年長で八十歳になるロイも絶え間ない情緒的、身体的サポートを必要としている。

五、六人のアシスタントと五人の中心メンバーの住むニューハウスは極めて忙しいところであり、そこに住み込んで働いた多くのアシスタントたちが、いつもアダムについてわたしの述べてきたように考えていたというわけではなかった。しかし同時に、彼らが自分たちをただの清掃人、料理人、おむつ交換人、皿洗い人と思わなかったのは、彼らに任されたアダム、ロージー、マイケル、ジョン、ロイが、彼らから受け取るのと同じくらいたくさん与えるものを持っているということを経験したからだった。彼らの多くが自分自身の生の神秘に触れ、内なる自己が新たにされるという経験をしたのだった。主としてそれは、彼らがケアする人々から何らかの霊的な贈り物を受け取ることができたからであった。

「アダムの贈り物」を語るからといって、他の点では極めて過酷で報酬のない生活状況をロマンチックに描き出しているわけではない。アダムの贈り物は毎日の生活の現実であった。毎週月曜日の朝、ジェーン、D・J、その他のアシスタントたちが集まって前の週とその週について話し合う時、中心的な問いはいつも、「先週は、あなたにとって何が困難だったか？」と「あなたはどんな贈り物を与え、どんな贈り物を受け取ったか？」だった。食事、清掃、通院、買い物、修理、その他の数え切れない作業を計画する際、アダム、ロイ、マイケル、ロージー、ジョンの贈り物についての問いがいつも中心にあった。誰もが知っていたことは、ロージーやジョンといった人々からの霊的な贈り物によって豊かな報いを受けるのでない限り、長い間、ラルシュの良いアシスタントをつとめることなど不可能だということだった。彼らは、真のケアとは相互的なケアだということを発見しつつあった。もし彼らの報酬が小額の給料だけだったなら、彼らのケアはすぐさま人間の維持《メインテナンス》にすぎなくなってしまっていただろう。彼らがうんざりし、消耗しつくし、深い不満を覚えるようになっただけではなく、アダムたちも贈り物を与えたり、自分の使命を達成したり、自らの人間的可能性を成就したりすることなどできなかっただろう。

❖

アダムたち中心メンバーは福音を告げ知らせていた。アダムは、介護《ケアギヴィング》の美しさが与えることだけでなく、受け取ることにもあるということを絶えずわたしたちに思い起こさせた。彼が教えてくれたのは、わたしが彼に与え得る最大の贈り物は、彼から平和という高価な贈り物を受け取るために開かれたわたしの手とわたしの心なのだということだった。この交換でわたしは豊かにされたが、彼も同じだった。彼には与え得る贈り物があるということをわたしは彼に示すことができたが、彼の贈り物はわたしがそれを喜んで受け入れる時、初めて真の贈り物となるのであった。彼は出会う者には誰にでも自分の贈り物を自由に与えた。そして、非常に多くの人々がそれを受け取り、それによって豊かにされた。彼がわたしたちに「語り」続けていたことは、ケアするとは与えると同じくらい受け取ることであり、感謝を求めると同じくらい感謝することであり、自己確認を求めると同じくらい、彼の与える能力を確認することだということだった。アダムをケアするとは、わたしたちが彼のケアをするように、アダムがわたしたちをケアするのを許すことであった。その時初めてアダムとアシスタントたちは相互に実り豊かに成長した。その時初めてアダムに対するわたしたちのケアは重荷ではなく名誉となった。なぜなら、わたしたちに対するアダムのケアがわたしたちの人生において実を結ぶからだった。

そして、この相互的なケアという環境において、アダムはデイブレイクの垣根を越える公的な生涯を送ることができたのである。時には本当の「奇跡」が起こった。わたしがニューハウスで過ごした時期にもその後も、人々の中に目覚しい変化が起こるのを目の当たりにしたが、それは彼らとアダムの触れ合いから生じた直接の結果だった。

わたしの友人マレーがデイブレイクまで電話をかけて来たことがあった。彼はペギーという妻と九人の子どもがいる、ニューヨークのビジネスマンだった。彼は友人たちからわたしのことを伝え聞き、またわたしの本もいくつか読んでいたが、わたしが大学を去り知的障害者と共に暮らそうとしていると知って、非常なショックを受けたのだった。そして、わたしが執筆を止めないようにできるだけのことをしたいと考えた。金融界に深く関わりそこに大勢の友人を持っていた彼は、毎年わたしに寄付を寄せる仲間を集めようと提案した。たとえわたしがハンディを持つ人々の牧者という低収入の仕事についても、執筆を続けられるようにしようというのだった。

彼は、「ヘンリ、君はお金のことが全然わからない。君は物書きだ。だから、お金で君を助けさせてくれ。そうすれば、君はわたしたちを書物で助けてくれることができる」とよく言った。マレーは非常に信仰深い男で、子どもたちが金もうけや出世に夢中になるあまり、自分たちの霊的遺産との接触を失うのではないかとたいへん心配していた。そして、「わたしの子どもたちを神さまの側に引き止めておいてくれなければならないよ」と言うのだった。

わたしがマレーと初めて会ったのはニューヨーク・アスレティック・クラブだった。その後間もなく、彼とペギーはわたしをアイルランドにある夏の別荘に招待してくれた。それから少し後、ニュージャージー州ピーパックにある二人の自宅で、わたしは彼の家族のほとんどと知り合いになった。マレーとわたしを両端にして少なくとも十二人の人々とディナーの食卓についた時のことをわたしは決して忘れないだろう。感謝の祈りの後、マレーは言った、「さあ、ヘンリ、子どもたちに話してやってくれないか」――彼らは皆二十代や三十代だった――「子どもたちがまた教会に行くようにしてやってくれないか」。「子どもたち」はすべて自分の考えを巧みに表現できる教養のある男女であり、父親の善意ある試みにはたいへんな同情を示したが、教会に対しては何であれ、ほとんど期待していないことをわたしたちに告げるのをためらわなかった。激しいとはいえ愛情に満ちた議論が続いた。しかし、これは食卓を囲む者たちが、マレーが思い込んでいるよりもはるかに宗教に関心を持っていることを示すものだった。

わたしはマレーの家族と真の友人関係を育んだ。ある日、わたしは言った、「マレー、君がデイブレイクに訪ねてくる番だ。どうか来て二、三日滞在してくれないか」。マレーは躊躇《ちゅうちょ》した。自分の役目はわたしに執筆を続けさせることであって、障害者と生きるわたしの生活に関与することではないと感じたのだ。事実、彼はわたしがこの「かわいそうな人々」と暮らすことで時間を浪費しているのではないかと怪しんだ。しかし、さらに説得すると彼は承諾した。わたしがいるニューハウスに滞在してほしいこと、地下の小さな客室が彼のために用意してあることを告げると、彼は極めて困惑したようだった。「ホテルにした方が良いんじゃないかな」と彼は提案した。しかしわたしは、「いやいや、わたしたちといるだけで素晴らしいと感じるようになるよ。それに、アダムに会う機会ができるしね」と主張した。

マレーがわたしを訪ねようとしたのは、アダムに会うためではなかった。しかし、彼は渋々わたしの提案に従った。わたしたちはニューハウスの愉快で騒がしい夕食を楽しんだ。マレーはものごとを注意深く見聞きしていたが、ほとんど口を開かなかった。二、三日間わたしについてまわって、人々に会ったり、他のホームを訪れたり、わたしとアダムの関係を「観察」したりしていた。たいへん驚いたことに、マレーはホームで非常にくつろいでいた。ほとんど何も言わなかったが、まさしくそこにいたのである。

ある朝、朝食のテーブルでマレーとわたしは静かにアダムの傍に座った。マレーはアダムの動きを一つひとつ見守っていた。また、アダムがスプーンを口に近寄せたりオレンジジュースのコップを持ったりするのをわたしが手伝う間、わたしを見守っていた。すると突然電話があり、わたしはオフィスに来るように呼ばれた。わたしはすばやくアダムに向かって、申し訳ないが急いで席を外さねばならないこと、しかしちゃんと代わりの人がいることを告げた。そして、マレーに向かって、「ちょっと席を外さなければならないんだ。アダムが朝食をすますのを手伝ってくれないか。その後はアシスタントが来て、彼が今日のプログラムに出かけていくのを手伝うはずだ」と言った。マレーは「いいよ」と言ったが、彼がどれほど不安に感じたかをわたしは悟らなかった。

マレーが後でわたしに語ってくれたところでは、これに続く三十分間アダムと座りながら、マレーは彼のことを自分とはまったく異なる障害者ではなく、たくさんの傷つきやすさを自分と共有する一人の美しい人間と感じ始めたという。非常に成功したビジネスマンだったとはいえ、マレーには自分の苦闘や恐れや挫折の経験や障害があった。朝食を手伝いながらアダムの傍に座ったのはマレーにとって恵みの瞬間だった。自分とアダムが兄弟だということに気づいたからである。隔たりは崩れ落ち、マレーの心には深い共感《コンパッション》が芽生えた。それはアダムとの間につながりがあるという思いだった。アダムが彼を近くに引き寄せ、光を与えたのだった。それに続く一日はマレーにとって真に新しい日となった。後に彼が話してくれたところによれば、彼は受け入れられ、愛され、理解されているという新しい気持ち――それもアダムだけでなくニューハウスの全員から受け入れられ、愛され、理解されているという気持ちを抱いて歩き回っていたということだった。

マレーのデイブレイク訪問は彼の人生において多くの実を結んだ。彼はこれまでよりも率直に自分の破れや失敗を受け入れるようになり、家族や友人たちの間でもこれまでほど弁解がましくはなくなった。わたしたちの友情も確実に深まった。この時以来、マレーはアダムのことを深い愛をこめて話すようになり、電話をかけてくる時はいつも「アダムは元気かい？」と聞くのだった。

トロントへの旅から四年後、マレーは致命的な心臓発作に突然襲われた。彼の死はペギーや子どもたち、親族や友人、そしてわたしにとって非常につらい喪失だった。わたしは彼の追悼式の中で回想して語った——マレーが以前ほど恐れずに自分の傷つきやすさと向かい合えるようになったことに、アダムが果たした役割は大きい。アダムはこうして、マレーに神のみもとへと向かう最後の旅支度をさせたのだ、と。

❖

マレーの物語は特異なものではない。一週間、一日、あるいはわずか二、三時間の予定でニューハウスにやって来た無数の人々が、アダムの美しい沈黙の現臨によって深い影響を受けた。ある人々は帰宅後も彼のことを考え続け、友人たちにも彼について話し続けたとわたしに教えてくれた。アダムとの出会いがしばしば彼らにとって内的更新の経験となったのは、自分の人生や目標や志を異なった観点から考える機会や文脈を彼が提供してくれたからだった。アダムは出会った人々に、その人自身の、しばしば目に見えない障害を自覚し受容するための雰囲気と安全な空間を提供した。彼は内奥から安らかさを発散していた。その安らかさが、困難な時期にさしかかったり重要な選択をしようとしたりしている人々を支えたのだった。もちろん、アダムに会った人々が誰でも同じ経験を持ったわけではなかった。ある者にとってそれは安らぎの経験であり、他の者にとっては自己と向き合うことだった。ある者にとっては自分の心の再発見であり、他の者にとっては何の意味も持たなかった。

アダムの働き《ミニストリー》は類ないものだった。ケアや働きや癒しや奉仕について何も知らなかったが故に、周囲で自分を通して起こっていることにまったく気づいていないように見えたからだ。彼には考えや計画や意図や抱負がないように見えた。彼はただそこにいるだけだった。そして、安らかに自らを差し出し、自分の働きの果実が純粋かつ豊穣であるようにとおのれをまったく空しくしているのだった。イエスについて言われた「触れた者は皆いやされた」（マルコ六・五六）という言葉はアダムにもあてはまるとわたしは証言できる。

アダムは真の教師であり真の癒し人だった。その癒しの大半は、自分の傷をなかなか受容できずにいる人々に平和・勇気・喜び・自由を告げ知らせる内的な癒しだった。アダムは二つの瞳とそこにいるという事実によってわたしたちに語っていた。「恐れることはない。自分の痛みから逃げ出す必要などないんだよ。僕を見てごらん。近くに来てごらん。そうすれば、僕とまったく同様に君だって神の愛する子だということを発見するだろう」と。

このような理由でわたしは、デイブレイクがアダムの公の働きの場であったと言っても過言ではないと思う。イエス同様、アダムも独自の使命を果たすためにこの世に遣わされたのだとわたしは固く信じている。家庭で家族と共に暮らしていた頃、彼は両親を創り変え、自分の能力を伸ばしながら、相互的な愛の中で過ごしていた。それは準備期間であった。デイブレイクにおいてアダムの賜物や教えや癒しは、彼と暮らすようになった多くの人々だけでなく、訪問客や共同体内の他のホームに住む人々にも深い影響を与えたのだった。

第四章　アダムの道

アダムがニューハウスで暮らした十一年間に多数のアシスタントたちが来ては去っていった。ある者たちはカナダや米国からやって来た。またある者たちはオーストラリア、ドイツ、ブラジル、ポーランド、ウクライナなどさまざまな国々からやって来た。彼らはしばしば一、二年の予定で滞在したが、それは人生における新しい方向を探り、故郷から離れて「別の」経験を持つためだった。少数の者たちはラルシュに恒久的な召命を見出したが、大半は弁護士、ソーシャルワーカー、セラピスト、看護師、実業家になっていった。

加えて無数の訪問者がやってきた。ニューハウスはデイブレイクで最も多忙なハウスの一つであるにもかかわらず、最ももてなしの良いところでもある。「今晩、夕食にどうぞ！」という招待の言葉はすっかり聞き慣れた言葉となっている。そして、デイブレイクの他のハウスや遠くの町や国から来た多数の人々がメンバーと一緒に食事をし、この類まれな所帯の痛みや喜びを体験するのである。食卓はよく花とろうそくで飾られ、食事はさまざまな栄養必要量を考慮にいれてたいへん注意深く準備される。普段は楽しい会話があり、食後にはしばしば祈りや歌や音楽が続く。食卓を囲む人の数が十二人以下のことはまれで、それよりずっと多いことがよくある。

ニューハウス時代にアダムは何百という人々と出会ったに違いない。新参者の多くは、目に見えて自分とは異なる中心《コア》メンバーに初めて会った時、困惑やさらには恐れさえも経験した。しかし、食卓を囲んでの一時間は彼らの不安を取り去るに十分だった。そして、ニューハウスを訪れた人々の大半がアダムをその静かな中心人物として記憶するのである。アダムの印象はどういうわけか彼らの心に焼き付いた。彼らの多くは「アダムにどうぞよろしく」とか、「わたしに代わってアダムにキスして抱きしめてあげてくださいね」とか、「アダムと皆さんのことを思い出していると彼にお伝えください」と書いてよこすのだった。

ニューハウスの食卓は、アダムの「奇跡」の大半が起こったところだった。明らかに彼は何も行わなかった。ただそこにいただけだった。しかし、彼の「そこにいること」が人々の心や魂に深く触れたのだった。突然治癒したり心がすぐに変化したりしたわけではない。しかし、彼もわたしたちも世界全体も新しい意味、新しい意義、新しい目的を持っているということを人々は発見するのだった。

アダムの奇跡のいくつかは極めて個人的であり、非常に深い心の奥底で起こったので、言葉で説明することが実に難しい。ある奇跡は当人の来訪後数か月あるいは数年たってから起こり、またある奇跡は当人の徹底的な方向転換を必要とした。ニューハウスを訪れたある女性がアダムの傍まで歩いて行って、「かわいそうな方、かわいそうな方、どうしてこんなことがあなたに起こったのでしょう？　親愛なる主があなたを癒してくださるように祈ってあげましょう」と言ったのをわたしは今も覚えている。彼女は祈るためにアダムの周りに輪になるよう、アシスタントたちに指示した。しかし、その一人が彼女の肩をやさしくたたき、「アダムはどんな癒しもいらないんですよ。彼は元気です。あなたが夕食に来てくださって彼は幸せに感じてますよ。どうぞ食卓に加わってくださいな」と言った。わたしにはこの訪問者がアダムに触れられて、その破れの中に完全性と聖性とを認めるだけの心の準備があったかどうか分からない。しかし彼女は、ハウスの誰もがあるがままのアダムに大きな喜びを感じていることに気がついたのだった。

アダムのあり「方」・生き「方」が、わたしばかりでなく彼に出会った人々の人生に深遠な影響を与えたことに疑いの余地はない。三つの物語が心に浮かぶが、それはブルーノ神父、わたしの友人キャシー、そしてわたし自身に関するものである。

わたしがデイブレイクの専任牧者となり、デイスプリングと呼ばれるチャペル付きの小さなリトリートハウスに移ってから一年後、中年の司祭が長期休暇でやってきた。ブルーノ神父はカリフォルニア州ビッグサーにあるカマルドリ会修道院院長としての十八年の任期をちょうどまっとうしたばかりで、自分の共同体から離れて過ごす時間を必要としていた。彼は背の高い痩せた男で、短い髭《ひげ》をたくわえ優しい目をしていた。性格は温和で、非常に穏やかな話し方をするが、普段は寡黙でいくらか内気でもあった。本物の修道士だった。しかし、どうして彼がわたしたちのもとに来たのだろうか？　彼はデイブレイクの噂を聞いて、権威を帯びた生活から普通の修道士としての生活に戻るには良い場所かもしれないと考えたのだった。ハンディを持つ人々と生活を共にしたいと思ったのだ。わたしたちと共に過ごした三か月間、彼はニューハウスで生活した。到着して間もなく、わたしは敷地内の道や公道で彼が車椅子に座ったアダムを押しているのをしばしば目にした。彼は普通のアシスタントではなく長期の滞在客であったため、自由な時間がたくさんあり、その大半をアダムと一緒に過ごそうと決めたのだった。ふたりはただ一緒にいることを互いに楽しんでいるようだった。

ふたりが一緒にいるのを見て、わたしは「アダムにはこのもの静かで温和な修道士以上の友がありえるだろうか。アダムの人生は彼の人生と似てはいないだろうか？　平和が平和に話しかけている。孤独が孤独に挨拶している。沈黙が沈黙と共にある。何という恵みだろう」と思った。

ある日、ブルーノがわたしの部屋にやって来た。わたしは「アダムとはどんな具合ですか？」と尋ねた。ブルーノは感嘆と喜びに満ちた表情でわたしを見た。彼は、「アダムはわたしには本当に贈り物だよ。どうすればもっと良い修道士になれるか教えてくれているんだ」と言った。わたしは、「何を言おうとしているかわかるような気がします。でも、説明してくれませんか」と尋ねた。

ブルーノは話が得意ではなかった。彼は物事を深く感じ取り、それに関して沈黙を守るのを好んだ。にもかかわらず、自分がアダムを相手に何を経験しているか説明したいと思ったようだ。彼は語った。「長年にわたってわたしは霊的生活を送ろうとしてきた。また他の人々が霊的生活を送るのを助けてもきた。わたしは神のために空しくならなければならないこと、そして自分の求める神との深い交わりの妨げとなる想念や情緒や感情や情熱を少しずつ捨て去らなければならないことはいつも分かっていた。アダムとの出会いは、まさしくその交わりの中へ一層深くわたしたちを導くために神によって選ばれた男との出会いだったのだ。アダムと長い時間を過ごすにつれて、わたしはますます深い孤独へと引き込まれるのに気がついた。アダムの心において、わたしは神の愛の充溢に触れたのだ」。

わたしはアダムについて、また彼の真理と生が、いかにしてブルーノの驚くべき霊的経験の原因となったのかについて考えずにはいられなかった。修道士たちの父である修道院長がアダムの人格に導き手、霊性の師を見出したのだった。

❖

年月が経つにつれて、わたしはアダムのことをわたしの手に余る人たちを助けることのできる人物だと考えるようになった。ますます多くの人々が黙想のため、霊性指導を受けるため、はたまた多忙な生活の中に少しばかりの孤独と沈黙を見出すためにデイブレイクにやって来るようになっていた。時には極めて具体的な労苦をかかえ、誰かに会って展望や安堵やさらにはいくらかの癒しをも手にしたいとの思いをかかえてやって来る人々もあった。共同体の何人かの者たちが大勢の訪問客の必要に応じようと努めたが、愛の共同体において数日間の沈黙の時を過ごし、良い霊性指導を受けることがどれほどの助けになるかを知って、わたしたちはますます驚かされた。

しかし、時折わたしたちは人々が過剰な期待を抱いているのではないかと感じることもあった。ある時、そんな場面でアダムがわたしたちを救ってくれたのだった。それはキャシーの物語である。

ある日、窓の暗い黒のストレッチリムジンがデイブレイクの敷地内に入って来た。車を見た数名の人々はひどく怪訝《けげん》に思った。そんな車を乗り回す人がなんでまたデイブレイクなどにやって来たのだろうか?

リムジンがデイスプリングの正面で停車すると、背の低い非常に痩せた女性が現れた。「わたし、キャシーです」と彼女は言った。「ニューヨーク市から来たのですけど、わたしの抱えている問題のことで少し力を貸していただきたいの」。デイスプリングの主であるシスター・スー・マステラーとわたしは彼女を建物の中へ案内した。「どうお力になればよろしいのですか？」とわたしたちはたずねた。

彼女は言った、「ええ、率直に申し上げて、わたし、ひどく落ち込んでいるのです。これまで何年も精神科医に診ていただいてますが、彼はわたしを治せないでいます。それどころか、わたし、悪くなる一方なんですの。弟がデイブレイクを存じており、『あそこを訪ねてみてはどうだい？　ひょっとしたら、あそこの人たちなら力になってくれるかもしれない』と申しました。それで伺ったのです」。彼女は少なくとも七十歳に達していたに違いない。愛らしい顔立ちで、目にはかすかなきらめきがあった。衣服には注意が行き届き、極めて落ち着いているように見えた。いったいどうして彼女が落ち込むことなどあるのだろうか？

スーが言った、「もう少し話していただけませんか。落ち込みのきっかけになった出来事でも何かおありですか？」

「ええ、もちろんですとも」とキャシーは答えた。「奇妙に聞こえるかもしれませんが、『ニューヨーク・タイムズ』の社会面を見て、アメリカ合衆国大統領とファーストレディーがホワイトハウスでの昼食会に招待した方々全員の名前を読むたびに落ち込んでしまうのです。だって、わたしがリストに載ってないのですもの！」

スーとわたしは顔を見合わせた。これはわたしたちにとって新しい領域だった。

キャシーは続けた。「わたし、いつも自分を他人と比べるのです。そして年を取るにつれて、自分がますます多くの人たちから忘れられていることを自覚するようになりました。そして、お金や人脈をわたしの半分ほども持たない人々がわたしよりも大切にされているのを見ると、それはもうひどく落ち込んでしまうのです」。

そして、キャシーは自分の人生——すなわち栄えある結婚、子どもたち、離婚、二度目の結婚、多忙な社交生活、教会との関係、慈善事業、名声——についてわたしたちに話し始めた。彼女はこれらをすべて非常に率直かつ正直にユーモアを交えながら語った。「人々はいつもわたしからお金を期待するんですわ」と彼女は言った。「わたし、いつも何かをなくしたら、見つけた時には教会に千ドル献金すると聖アントニオさま〔訳注・パドヴァの聖アントニオ（一一九五—一二三一）はポルトガル出身のフランシスコ会士で、カトリック教会では紛失物の守護聖人とされている。リスボンの聖アントニオと呼ばれることもある〕にお約束するんですけど、今ではミサに行くと神父さまが『キャシー、今週何かなくしましたか？』ってわたしに聞いてくるんですよ」。

次第に、極めて異例ではあるが非常に悲劇的な光景が姿を現した。ここにいるのは人が夢見ることができる限りすべてのもの——金、名声、コネ、大きな権力——を手にしていながら、自分を本当に愛してくれる者はいるのだろうかと思い悩む一人の女性だった。富んでいながら貧しい女性、名声がありながら自信を喪失した女性、偉大ではあるがまことに小さな女性だった。

スーは言った。「キャシー、あなた、ご自分がキャシーだというただそれだけでご自分を良い人間だと信じていらっしゃる？」

涙がキャシーの目に浮かんだ。彼女は言った。「分からないわ。わたしの周りにあるものが何もなかったら、自分が誰かということさえ分からないわ。もしみんながわたしをただキャシーとして愛してくれたとしても、それがどういうことなのか分からないわ。そんなことってあり得るかしら？　疑わしいことだわ」。

突然、わたしは彼女の落ち込みの原因が飲み込めた。キャシーはわたしたち皆と同じ疑問を抱いていたのだ。これまでに蓄積したこの世的な装飾物をいっさい取り除いた、わたしたちのありのままの姿を人々が知ったら、彼らはそれでもわたしたちを愛してくれるだろうか？　むしろ、わたしたちがもはや使い物にならなくなるや否や、彼らはわたしたちを忘れてしまうのではないだろうか？　これはアイデンティティに関する中心的な問いである。すなわち、わたしたちは自分たちの行為や所有物によって良しとされるのだろうか？　それとも自分たちが誰であるかによって良しとされるのだろうか？　わたしが何者かであるのは、この世がわたしを何者かにしたためなのだろうか？　それとも、わたしがこの世に属するよりずっと前から神に属していたためなのだろうか？　キャシーの長い人生にはあまりにたくさんのことが起こったために、彼女は昔のような単純で愛すべき本来の自分との接点を失ってしまったのだった。

彼女と話せば話すほど、どんなに議論を尽くしても、彼女が自分を愛せるように手助けすることはできないということがスーとわたしにはますますはっきりしてきた。実際、わたしたち自身にしてもキャシーの語る罠から完全に自由というわけではなかった。わたしたちも彼女の富と名声に感服していたのだ。そんなわたしたちの言葉から彼女が真の霊的自己を認めるようになるということがいったいあり得るだろうか。彼女が他のあらゆる人々と同様にわたしたちをも潜在的な利用者とみなすようになるまでにそんなに時間はかからないだろう。キャシーを社会の牢獄から解放するのがいかに困難な仕事であるか意識するにつれて、アダムのことがわたしの心に浮かんだ。おそらくアダムはいかなる形であれ彼女を決して利用しないであろう唯一の人間にちがいなかった。彼女に金など求めないだろうし、名声を求めてもいなかった。彼には誰かを印象づける必要さえなかった。

わたしは「キャシー、今夜ニューハウスの夕食にどうぞいらしてください。アダムや彼の同居者たちと一緒ですよ」と言った。彼女は少し驚いた。霊的な助けを求めてやって来たのに、どうして障害者たちと一緒に食事をしなければならないのだろうか。「ここのかわいそうな方々に是非お目にかかりたいわ」と丁重に答えたものの、彼女の目にはこのような疑問が浮かんでいた。間際になってわたしは彼女に同行しないことに決めた。彼女を唯一のゲストにしたかったのだ。

午後九時にキャシーが夕食から戻って来る時、わたしは自分のしたことが正しかったかどうか少し気にしながら彼女を待っていた。しかし、リビングルームに入って来た彼女はくつろいで幸せそうであった。彼女は言った、「ヘンリ、とっても素敵でしたわ。わたし、本当に受け入れられ大事にさえしていただいて、歓迎されているのを感じましたわ。あの方たち本当にわたしが好きだったみたい。あなたが最初に行くようにおっしゃった時、正直、恐かったけれど、あそこにいるのがとっても楽しかった。みんな親切で気さくな方たちですのね。そして、アダムと心が通じましたわ。きっと隣に座って少し手伝ってあげたからでしょう。何と素敵な方なのでしょう。本当に素晴らしい夜でした」。

わたしには彼女の目と表情の変化がほとんど信じられなかった。これがあの落ち込んでいた訪問客なのだろうか？　わたしは彼女がチョコレートバーを手にしているのに気がついて、「おやまあ、ジョンからチョコレートバーを勝ち取ったんですね！」と言った。

「ええ、夕食の後でジョンが立ち上がってスピーチをしたんですよ。一言も理解できませんでしたけどね。そして、わたしたち一人ひとりに向かって、彼に番号を渡して自分の服の色を言うように求めたのです。わたしたちは言われた通りにしました。すると、彼は手にしたメモ帳を見て、わたしが賞を獲得したと宣言したのです。それから、わたしの方に歩いてきて、チョコレートバーをくださりキスしてくださいました。ほとんど信じられない気持ちでしたわ。でも、心から歓迎されていると感じました。あの方たちにとってわたしは見ず知らずの者ですのに！」

何という贈り物、何という神秘なのだろうか！　この世で最も裕福な一人の人間がチョコレートバーに深く感謝しているのだ。アダム、ジョン、ロージー、ロイ、そしてマイケルは彼女に自分がキャシーだという真理、自分が素敵な人間だという真理を思い出させることができたのだった。

ニューヨークに戻ってから、キャシーは電話をかけてきて言った。「デイブレイクで何か大切なことがわたしの身に起こったことに夫が気がつきましたわ。わたしの滞在中にわたしたちが何をしたか彼は知りたがりましたの。そこで、ニューハウスでの夕食のことやアダムやジョンやチョコレートバーのことを話してあげました。前のようなひどい落ち込みはもう感じませんわ。わたしの中に神さまの感覚、わたしに対する神さまの愛の感覚が新しく芽生えました」。

これに続く数年間、キャシーとわたしはしばしば電話で話し、わたしは二度ばかり彼女を訪問した。彼女は、「デイブレイク訪問で何か非常に深いことが起こりました。わたし、もう昔のように落ち込むことはなくなりましたわ。だって前よりも自分自身とつながっていると感じますもの」といつも言っていたが、わたしには彼女が真実を語っているのが見て取れた。彼女は体に多くの問題を抱えており痛みにひどく悩まされていたが、憂鬱《ゆううつ》は解消されたのだった。

デイブレイク訪問から八年がたってキャシーが死んだ時、家族はわたしに葬儀の司式を依頼してきた。わたしは「どうしてわたしが？　彼女はたくさんの司祭をご存じだったでしょう」と反対した。しかし、彼らは「いいえ、彼女があなたとデイブレイク共同体にはいつもたいへんに感謝していたので、あなたにお願いしたいのです」と言った。そこで、わたしは承諾した。そして葬儀に参列した多数の家族のメンバーや友人たちに対して、神はキャシーをその賜物だけでなく貧しさにおいても祝福した、なぜなら彼女にはアダムの癒しの贈り物やジョンのチョコレートバーを喜んで受け取る気持ちがあったからだと語った。わたしには、彼らがわたしの言葉を理解できたかどうか分からない。しかしわたしは、一人の非常に貧しい男が一人の非常に貧しい女に対してある奇跡的なことを行ったということを皆に伝えたかったのである。

❖

最後は、アダムの真正な生き方によって、わたし自身がどのようにして自分の生き方をより深く理解するようになったか、というよりむしろ、より深く理解するように駆り立てられたかという物語である。わたしがニューハウスに暮らすようになって十四か月が経過していた。わたしはそこにいるのが幸せだった。アダムとの関係も、日がたつにつれて一層深く強くなっていった。しかし、苦しみの時がわたしを待っていた。それはわたしがまったく予想だにしなかったことだった。長年の教師生活の後、デイブレイクはすでにわたしのホームとなっており、そこでわたしは共同生活を営み、祈りに時を過ごし、「貧しい人々」の世話をすることができるのだった。わたしは安心できる場所をいつも求めていた。わたしが教えた大学は霊的生活に関する思索を展開し、自分の考えを何百人もの学生たちと分かち合うまたとない機会を与えてくれたが、ホームは与えてくれなかった。これをかなえてくれたのがデイブレイクだった。わたしは愛され、よく理解され、大切にされているると感じ、ラルシュに加わったことが正しい行動だったことをまったく疑わなかった。

にもかかわらず何か別のことが起こっていた。アダムやその他の人々と身近に暮らす生活のせいで、自分自身の傷つきやすさがわたしにとって以前より近しいものとなった。最初は誰がハンディキャップを持ち誰がそうでないか極めて明白に思われたが、明けても暮れても一緒に暮らすおかげでこの境界線はそれほど明瞭でなくなった。確かにアダム、ロージー、マイケルはしゃべれなかった。一方、わたしはあまりに話しすぎた。確かにアダムとマイケルは歩けなかった。一方、わたしは人生がまるで緊急事態の連続であるかのように走り回っていた。確かにジョンとロイは毎日の仕事に助けが必要だった。一方、わたしもまた「助けてくれ、助けてくれ」と絶え間なく言っていた。そして、わたしが思い切ってさらに深く吟味し、自分の情緒的貧困さ、祈れないこと、性急さや落ち着きの欠如、多くの不安や恐れと向かい合うと、「ハンディキャップ」という言葉はまったく新しい意味を持ち始めた。わたしのハンディキャップは、アダムやその同居者たちのものと比べて見えにくいからといって、その現実味が薄いわけではなかった。

わたしは自分の内的なハンディキャップの周りに創り上げた防御物の多くが、ニューハウスの落ち着いた平穏さのおかげで弱くなっているということに気づくようになった。競争や人を出し抜く術、名声に対する重圧の存在しないこの愛と心遣いに溢れる環境の中で、わたしはそれまで見たり経験したりできなかったものを経験した。わたしは非常に臆病で貧しく壊れやすい人間、すなわちわたし自身と向かい合ったのである。この視点から眺めるとアダムは強い人間に見えた。彼はいつもそこにいて、静かで平安であり内的に確固としていた。アダム、ロージー、マイケル、ジョン、そしてロイ――彼らは皆わたしの目には共同体のしっかりした中核に見えるのだった。

一九八七年の末頃、わたしは自分が危機に陥りつつあることに気がついた。よく眠れず、ある友人関係に心を奪われていた。この友人関係は、以前は活力の源のように思われたが、次第にわたしにとって息苦しいものとなっていた。あたかもわたしの情緒の深淵を覆っていた厚板が取り除けられ、わたしを食いつくそうと待ち構えている野獣でいっぱいの谷間をのぞき込んでいるかのようだった。わたしは遺棄感、拒絶感、困窮感、依存感、絶望感といった強烈な感情に圧倒された。ここで非常に安らかな家に暮らし、非常に安らかな人々と生活しているのに、内面では激しく荒れ狂っていたのである。

わたしは、始めは遠回しに、しかし後には全く隠し立てせず率直に共同体の少数のメンバーに打ち明けた。やがて精神科医にも相談した。誰もかれも同じことを言った。「あなたが自分の悪魔に立ち向かう時が来たのですよ。自分自身の傷に包帯をして、他の人たちにあなたのケアをしてもらう時が来たのですよ」。

これは、非常に謙虚にさせられる提案だった。わたしはニューハウスと共同体を離れ、新たな力と安らぎを見出す希望を抱いて自分の苦悩を乗り越えられるところへ赴かなければならなかった。これはいったい何を意味しているのだろうか？　わたしには分からなかった。わたしは共同生活を営みにやって来て、アダムのケアをするようになった。しかし、今、アダムを他の人の手に委ねて、自分自身の障害を完全に認めなければならなかった。

わたしは深い人間的苦闘を経験していたのだ。それは、たとえ誇れるものが何もない時でさえ自分が愛されていることを信じようとする苦闘だった。わたしは大学を離れその名声を後にしていたが、確かにこの生活はわたしに満足を与え、称賛さえももたらしてくれた。かわいそうな人々を助けているという理由で、確かにわたしは善良な人間、それどころか高潔な人間とさえみなされていた！　しかし、最後の支えが取り去られた今、たとえ自分のために人に見せるものが何もなくとも、自分がなおも神の愛する子であると信じるようにとのチャレンジを受けたのだった。

この情緒的苦境を生きていくうちに、わたしは自分がアダムのようになりつつあることに気がついた。彼には何も誇れるものがなかった。わたしもそうだった。彼は完全に空しかった。わたしもそうだった。彼はかかりきりの世話を必要とした。わたしも同じだった。そして、わたしはこの「アダムのようになること」に抵抗しているのだった。わたしは依存的な弱い人間にはなりたくなかった。それほどまでに困窮することにはなりたくなかった。しかし、どこかでわたしはアダムの道、つまり徹底的な傷つきやすさの道がイエスの道でもあることを認めていた。

デイブレイクから離れて過ごした数か月の間に、多くの導きのおかげで、わたしは穏やかで優しい内なる声が「あなたはわたしの愛する子、わたしの心に適う者」と言うのを聞くことができた。長い間、わたしはその声を信用しなかった。自分に向かって「これは嘘だ。わたしは真理を知っている。わたしの中に愛に値するものなど何もないのだ」と言い続けた。しかし、わたしの導き手たちはそこでわたしを励まし、その声に耳を傾けさせ、それをもっと大きくさせるようにしむけた。ついにその声を信頼できるようになった時、わたしはデイブレイクに帰り、そこでの生活を続ける準備ができたのだった。

共同体はわたしにニューハウスに戻ったりアダムの介護を続けたりするように求めはしなかった。アダムを助けて過ごしたあの親密な時は終わっていた。他の人々がわたしの代わりを引き受けていた。そして、わたしはデイブレイクの牧者としての働きを拡大するように頼まれたのだった。

振り返ってみると、アダムとわたしの関係はわたしが戻ったあと変化したのが分かる。十四か月にわたって彼はわたしの教師であり導き手であった。彼はデイブレイク共同体にわたしを根づかせ、わたしの心を傷つきやすさという賜物に開かせ、さらに自らの深淵との対決へとわたしを導いたのだった。今、内なる愛の声を発見し、それに信頼をおいたわたしはもはや絶えず彼と過ごす必要がなくなった。今やわたしたちは友達同士、同じ共同体のメンバー同士、神に向かって一緒に旅するふたりの男同士となることができたのだ。わたしたちの貧しさはたがいに触れ合っていた。わたしたちの関係は健全だった。

その後もわたしはニューハウスの特別の友人だった。可能な時はいつも食事に行き、常にアダムの傍の席を与えられた。アダムが誕生日を祝う時はアシスタントたちがいつもわたしをパーティーに招いてくれた。

アダムの真理と生命を経験した人々の数は多く、ブルーノ、キャシー、わたしはその中の三人にすぎない。ちょうどイエスがフィリポに「わたしを見た者は、父を見たのだ」（ヨハネ一四・九）と言ったように、わたしたちはアダムにおいて神の現臨を垣間見る栄誉を与えられたのだ。神はイエスを派遣したようにアダムをも派遣した。それは彼を恵みの道具、癒しの源、新しい喜びのもととするためだったとわたしは信じている。彼はまことに完全、まことに安らかであった。何も言わず、あえぐように呼吸し、指をせわしなく動かし、しかも自分がいかに特別であるか決して意識しなかった。

クリスマスを共に過ごすアダムと友人たち

恐れ、不安、寂しさ、落ち込み、自己喪失感に苦しむ社会の中でわたしたちは導き手を求め続けている。わたしたちは、誰か――導師《グル》、霊性指導者、ソウルフレンド〔訳注・古代から中世初期にかけてケルト系教会にて霊性指導者を「アナムチャラ」つまり「魂の友」と称したことに由来する表現〕――がこの混迷の意味を理解するのを手伝い、内的な完全さや自由や平和への道を示してくれるのを強く望んでいる。わたしたちは主に名声のある人々、知恵や心理学的洞察力や霊的感受性や確かな人生経験を持つ人々を求める。おそらく問題は、わたしたちがあまりに期待しすぎること、そして彼らがあまりに与えたがることであろう。するとわたしたちは依存的になり、彼らは支配的になるのである。

アダムはわたしが出会ったうちで一番支配的でなく、一番依存的な導き手だった。おそらくそれゆえに、わたしは彼の道をあれほど信頼することができたのだろう。彼がイエスの奇跡のごとき奇跡を行った理由は、ほかでもなく彼がどんな奇跡も決して自分のために用いなかったことだと思う。彼は金も名声も感謝さえも求めなかった。そのまったくの無力さにおいて、アダムはブルーノやキャシー、そして誰よりもわたしにとって神の癒しの力を伝える純粋な道具となったのである。

第五章　アダムの受難

「受難」を意味する passion という語は「受ける、苦しむ」を意味するラテン語 patior からの派生語であり、「受動的」の意味の passive という語と関係がある。

イエスの受難《パッション》は多くの行動《アクション》のあとにやって来た。三年間にわたって彼は村から村へ町から町へと巡り歩き、説教したり、教えたり、人々の問いに答えたり、病人を癒したり、偽善者と対決したり、悲しむ者を慰めたり、死者を蘇らせたりしたのだった。彼の行くところはどこでも人々が大きな群れをなして集まり、彼を称賛し、彼に耳を傾け、彼に助けを求めたのだった。この張りつめたほとんど熱狂的ともいえる時期、イエスは状況を掌握していた。そして、自分がそうすべきだと感じるままに行ったり来たりした。弟子たちは彼の指導を受け入れ、彼の赴くところへはどこへでも従って行った。

しかし、ゲッセマネ——オリーブの園——でこの行動すべてに突然の終止符が打たれた。そこで彼は弟子の一人に裏切られ、苦しみを受けることになった。それが受難の始まりだった。その時から彼はもはや何もすることができなかった。それどころか、あらゆることが彼に対してなされたのであった。彼は逮捕され、牢獄に入れられ、ヘロデとピラトの前に引いて行かれ、鞭《むち》で打たれ、茨の冠をかぶせられ、十字架を運ばせられ、衣をはぎ取られ、十字架に釘打たれ、死ぬまで嘲笑された。彼はもはや行動できなかった。彼はただ他者の行動の対象でしかなかった。それはまさに受動《パッション》だった。

イエスの生涯の大いなる神秘は、彼が自分の使命を行動ではなく受動において、すなわち彼のしたことではなく彼に対してなされたことによって、彼自身の決断ではなく彼に関する他者の決断によって成し遂げたという点にある。彼が「成し遂げられた」と叫んだのは、十字架上で死につつある時だった。

アダムの全生涯は受難だった。彼のために、彼に対して、彼と共に、彼の周りでなされたあらゆることを忍んだ苦しみの人生だった。彼の苦しみは、何よりも他人の行為や決定に完全に依存するという苦しみだった。彼はベッドで飛び跳ねるとか、掃除機を階段から突き落とすとか、スプーンやカップを持ち上げるとかいったほんのわずかのことなら自分ですることができたが、どこへ行くとか、誰といるとか、何をするとかいったことはまったく決めることができなかった。アダムは人生の各瞬間を、他人が彼のために行動してくれるのを待ちながら生きたのだ。

彼の健康は数年間安定していた。だが、大問題はいつも「どうすればてんかん発作を抑制することができるか？」だった。彼は毎日発作におそわれた。時には発作が彼をすっかり消耗させてしまうため、ベッドで回復を待たねばならなかった。抗てんかん剤は発作の抑制を助けたが、副作用その他の欠点があった。それは彼の元気を奪い、便秘や眠気を起こさせ、時がたつにつれて彼の体をいつも毒素で満たすことになった。薬のバランスを正すために何度も病院を訪れなければならなかった。中毒を起こした時は、医者に適切な量と強さの抗てんかん剤を確定してもらうために病院で精密検査を受けなければならなかった。そして、彼の生涯の最後まで誰も気がつかなかったことは、長年にわたる薬物治療が彼の心臓を弱めていったことだった。

❖

彼の肉体的な苦痛や苦闘の多くをわたしたちは知らないし、情緒的な苦痛や苦闘にいたっては何も知らない。おそらくアダムの最大の苦しみの一つは、何が自分を苦しめているかを誰にも話せなかったことだろう。たとえば、アダムの歯が歯茎に食い込んでしまったことに気がついた時、レックスやジーンは彼のために急いで手を打つことができた。しかし、彼が補聴器を使った時や薬を過剰に投与された時は問題を突き止めるのがずっと難しかった。つまり、彼の明らかな不快感の原因を見つけるのに非常に多くの推測が必要となった。

彼の健康状態は全般的に脆弱で、良くなったり悪くなったりした。アダムの呼吸はいつも苦しそうで、荒く不規則だった。呼吸するだけで多量の労力を要したが、この問題は年齢とともにいっそう悪くなるように思われた。風邪やインフルエンザにかかった時はいつも、力と元気を取り戻すのに長い回復期間が必要だった。

一九九四年の秋、アダムは重い病気にかかった。何が悪いのか誰にも正確にはわからなかったが、彼はリッチモンドヒルにあるヨーク＝セントラル病院の救急科に担ぎこまれた。わたしがやや遅れて到着すると、レックスとジーンはもう来ており、ニューハウスの責任者であるアン・パヴィロニスは看護師や医師たちと話をしていた。戻ってきたアンは、「彼は両側肺炎だそうです」とわたしに告げた。「お医者さまがたは、彼を全快させられるかどうか確かなことは言えないそうです」。わたしたちはアダムのベッドの周りに集まった。彼はいくつかのモニターにつながれており、意識がないように見えた。

アンが言った。「アダムが危篤状態になった場合、人工呼吸器をつけるかどうか、お医者さまはレックスとジーンに意見をお聞きになりたいそうです」。少ししてから、わたしたちは全員で話し合った。レックスとジーンの考えは非常に明確だった。「アダムにはできるだけ長生きしてほしい。でも、できるだけ苦しまないでほしいとも思っています」。二人は人工呼吸器を一時的な手段としてだけ用いることを望んだ。二人には、アダムがそんな機械につながれて余生を過ごすことなど想像できなかった。「彼はもう十分苦しみましたわ」とジーンは言った。

しかし、アダムには死ぬ用意はなかった。翌朝、彼はずっと良くなり、一週間後にはデイブレイクに戻った。

わたしにとってこれは、アダムの健康がいかに脆弱なものかを初めて認識する機会となった。わたしは彼を失うということを真剣に考えたことがなかった。彼はまだ三十三歳であり、多くの治療が必要とはいえ、長生きするのに十分な強さをもっているように思われた。しかし、アダムは極めて衰弱したままで、この両側肺炎の一撃から完全に回復することは決してなかった。わたしたちは、彼が危うく死ぬところだったことを知り、彼の命が長くない可能性を考え始めなければならないと悟った。わたしたちにとってそんな可能性をいつも考えているのは辛いことで、時々このことを忘れるのだった。ただ、ニューハウスの責任者である看護師のアンは例外だった。アダムはニューハウスの中心人物であり、彼が衰弱したままでいることはアンにとって大きな心配事だった。医者たちはアンに、アダムの体力回復のためにできることは何もないと言ったが、彼の心臓のことはあまり話さなかった。生活はそのまま続いたが、何か月もの間、アダムはデイプログラムに出ることができず、毎日をほとんどベッドかまたはホームの魂ともいえるダイニングルームの椅子で過ごしていた。愛に満ちた忠実な両親レックスとジーンは、息子が受難の最終段階に入ると、前よりも頻繁にやって来るようになった。

彼のホームやデイプログラムのアシスタントたちは素晴らしかった。いつも誰かがアダムに付き添っていられるような当番表を作るのはたいへんだったかもしれないが、自分の「自由時間」の一部がなくなると不満をこぼす者はいなかった。彼らの一人ひとりがアダムと一緒にいたり、元気がなく自分で食べられない時は食べさせたり、服を着替えさせたり、彼の大好物を手に入れようと八方手を尽くしたりすることに何時間もの時を費やした。しかし、いつまでも続くアダムのひどい衰弱は彼らを怯えさせもした。彼らにはアダムを直に世話する責任があったので、ことのほかそうだった。彼らはみな若く、その多くは慢性の病人や死に瀕した人々と身近に接したことが一度もなかった。彼らは問うた。「もしアダムが発作を起こして目を覚まさなかったらどうしようか？　もしわたしがハウスに一人でいる時に彼が死んだらどうしようか？　もし風呂に入れている時に彼が倒れたらどうしようか？　もし夜中に何か起こったらどうしようか？」これらは偽りのない心配事だった。見たところどうもアダムよりも彼ら自身と関係があるように思われたが、彼らにはアダムに付き添っていられるという自信が必要だったのだ。数か月が過ぎてもアダムの健康はほんのわずか良くなっただけだった。しかし、緊急の事態がなかったためにわたしたちは皆落ち着きを取り戻し、ある者はアダムの不安定な健康状態に慣れていった。

ジーン、レックス、マイケル、アダムはいつもクリスマスを家族で一緒に過ごした。彼らは長年の間に自分たちにとって大切な習慣を作り上げていた。クリスマスイブにはツリーを飾って、熱いアップルサイダーを飲み、マイケルがツリーの下にあるきれいに包まれた贈り物を点検するのだった。クリスマスの日には二つの大切な行事があった。それは贈り物とディナーだった。

その年、アダムは衰弱がひどくクリスマスにも帰宅できなかった。クリスマスの日のディナーの後、マイケルと両親がアダムを訪ねてニューハウスにやって来た。彼らはクリスマスの翌日をニューハウスで一緒に過ごした。しかし、それはアダムにとっても両親にとっても楽ではなかった。アダムが目に見えて苦しみ、呼吸は荒く非常に疲労していたからであり、また彼のいないクリスマスはこれまでと同じではなかったからである。

一年後の一九九五年のクリスマス、アダムはまたもや肺炎に見舞われたあと退院したばかりで、今回もひどい衰弱のため帰宅できなかった。ジーンとレックスは、クリスマス当日ニューハウスに来て、そこでマイケルやアダムと一緒に過ごすことにした。ジーンは七面鳥以外のものをみな持ってきた。アダムの友人でアシスタントのジョン・デイビッドがアーネット一家のために七面鳥の胸肉を料理した。一家だけで夕食を共にすることができるように、それ以外の人々はみな退出した。共同体の他のメンバー約三十五人は隣にあるデイブレイクの大集会室に集まって夕食をとっていたのだ。ジーンは、このクリスマスのほうが前年よりも良かったが、アダムがあまりに衰弱していたので、車椅子に座ったまま食べさせてやりたいと思ったと回想する。しかし、レックスはアダムがテーブルにつきたいのではないかと考えた。夕食の準備ができると、父親はアダムをテーブルに連れて来て、一家は一緒に食事を楽しんだ。アダムは自分で食べることができた。そして、食事を思う存分楽しんだ――まるで昔のようだった！

❖

アダムをめぐるどんな行為も彼の受難を和らげることはなかった。彼は徹底的に依存しきって生きていた。他人の手に完全に身を任せ、自らの徹底した弱さの中で光と平和を発散させながら、彼は依存状態を深く甘受しているように見えた。今日このことを考えると、わたしたちの誰もが、彼の受難の終わりが近いという事実と向かい合うのをどれほど嫌がっていたかが良くわかる。

アダムの受難はわたしにとって計り知れないほど深い預言者的証言だった。彼の生涯、とりわけ受難は個人主義、物質主義、扇情主義に駆り立てられている社会の諸規範に慣れきっているわたしたちを根本から批判していた。その完全な依存状態のため、アダムが十全に生きることができるのは、わたしたちが彼の周囲に愛の共同体として生きる時のみだった。わたしたちに対する彼の偉大な教えは、「僕が生きることができるのは、君たちが僕を愛で取り囲み、互いに愛し合う時だけなのだ。さもなければ僕の人生は役立たずで、僕は重荷になってしまうのだ」ということだった。わたしたちに対してアダムは、競争ではなく共感共苦《コンパッション》がわたしたちの人間としての召命を成就するのだということを信じるようにと、明らかに迫ったのだ。これは、わたしたちの個人主義的で行動を重視する生き方の土台となっている前提をすべて再検討させるものだった。

真理はわたしたちの人生がその最大部分ではなくとも、非常に大きな部分において受動《パッション》だということである。わたしたちは誰でも自分で行動し、自立・自足したいと願うが、長い期間にわたって他者の決定に依存している。若く未経験の時や老いて貧しくなった時ばかりでなく、強くて自分に頼れる時もそうである。わたしたちの成功、富、健康、人間関係の相当の部分が、自分ではほとんど、あるいはまったく支配できない出来事や環境によって影響を受ける。わたしたちは行動しているという幻想を可能な限り抱きたがるが、事実は、人生の進路を最終的に決めるのは受動なのだ。わたしたちは人々が――愛に満ちた配慮ある人々が——受難《パッション》の時にわたしたちを支え、わたしたちの使命遂行を力づけてくれるのを必要としている。わたしにとってこれがアダムの受難の究極的な意義だった。すなわち、人生の真理を引き受け、いつも落ち着きと寛大さをもって強い時には愛を与え、弱い時には他者の愛を受けるようにとの根源的な呼びかけだったのだ。

第六章　アダムの死

アダムが初めて肺炎に見舞われてから何か月か経った一九九五年九月、わたしは長期休暇のためデイブレイクを後にした。その前年は、一年中共同体の二十五周年記念と関連した祝賀行事でいっぱいだった。わたしには休暇、つまり内的更新と執筆のための時間が必要だと思ったのだ。

しかし、わたしにとってデイブレイク共同体を離れるのは容易ではなかった。わたしは中心《コア》メンバーやアシスタントたちの日常生活ととても深いつながりを持つようになっていた。わたしがニューハウスにやって来てアダムに紹介されて以来、九年も経っていた。これらすべてから数歩退き、牧者としての活動に携わったこの数年間を総括して、自分の人生の最後の局面について考え始める時が来たと感じていた。

クリスマスシーズンの頃、わたしがヨーロッパで九十三歳になる父と共に数週間を過ごしていると、アン・パヴィロニスからアダムの状態がよくないという知らせが届いた。彼はクリスマスに帰宅することも共同体の祝賀行事に参加することもできず、家族と一緒にニューハウスでクリスマスを過ごしたのだった。アダムはあまりに弱っていたためデイプログラムにも行けなかった。素晴らしい有能な看護師であるアンはわたしに伝えていた。

「お医者さまが彼の心臓肥大を見つけ、長くは持たないだろうと考えておられます。彼はとっても衰弱しています。わたしたちは皆、今後のことや彼を失うことをたいへん心配しています……無事に乗り越えられるようにただただお祈りください」。

それに続く何週間かは、アダムにとっても両親にとってもニューハウスの一人ひとりにとっても極めて苦しい時となった。アダムは何回も病院に出入りし、二度にわたってまる一週間も入院した。聞くところでは、話ができない彼の同居者ロージーとマイケルが、本当にアダムとの連帯と共感共苦の中でこの時を過ごしたそうである。彼らは十年間も一緒であり、互いに深い絆で結ばれていた。ロイとジョンは死を怖がっている様子で、アダムのことは話したがらなかった。しかし、彼らもアダムの容体の悪化を知っており、彼についての会話や彼をめぐる動きを注意深く追っていた。アダムとの絆で結ばれたアシスタントたちは自分たちのもとで彼を看護したいと望んだが、彼の容体が重篤なので、それはアダムにとっても彼らにとっても良くないと悟った。

❖

二月初めにアダムは危篤状態で病院に収容された。ジーン、レックス、アンに対して医者たちは、彼の心臓がすっかり消耗しきって筋肉がずたずたになっていると告げた。心臓移植以外には彼を救う術は何もなかった。アダムの両親にとってこれは打ちのめされるような驚きの宣告だった。アダムの心臓が良くないと医者に言われたことがなかったため、彼の容体がそれほど深刻だとは思わなかったのだ。二人には間近に迫った彼の死を受け入れる心の準備ができていなかった。レックスは移植をしてもらおうと真剣に考えた。しかし、アダムの生活の質がそれで改善されるわけではないことに気がついた。この最後の望みを捨てた時、彼は眼前にある容赦のない現実と向かい合わなければならなかった。レックスとジーンは大半の時を病院で過ごし、一呼吸しては長い間息を止め、再び呼吸するアダムを励まし続けた。アダムに向かって「持ちこたえて」と声をかけ続け、彼にはそれができると言い続けた。アダムは聞いていた。そして、「生きて」という愛に満ちた深い呼びかけに応えるべく力の限りを尽くしていた。アシスタントたちは夜間も交代でアダムに付き添い、彼が決して一人きりにならないようにした。

二月十二日月曜日の早朝、アンはアダムの体に接続されたモニターの波が平らになっているのに気がついた。医師が来た時には心臓の鼓動がなかった。医師は、アダムは心不全で死亡したと告げ、モニターのスイッチを切った。立ち去り際に看護師はベッドを下げ、アンがアダムの遺体と二人だけになれるようにした。

アンは次のように回顧する。「彼らが出て行くや否や、わたしはベッドをまた上げて、アダムに話しかけ始めました。たいへん激しい言葉づかいだったので、言ったことをすべてお聞かせすることはできません。でも、わたしが彼にきっぱりと言ったのは、両親はまだ来ていない、二人が来るまで断じて死んではいけないということでした。わたしは、お二人がここに向かっているのを知っていました。そこで、彼の胸をさすり、『わたしの言うことを聞きなさい！』と叫びながら大声で話しかけたのです。すると数分たってから、アダムは深い息をして、呼吸を始めたんです！　わたしは、『きっとあなたはもうすぐ行けることがわかっているでしょう。でも、ご両親があなたに会って、お別れを告げるまでは行ってはいけないのよ！』と言いました。わたしは看護師を呼びましたが、彼女は自分の目を信じることができず、お医者さまを呼びました。お医者さまは、アダムが生き延びる希望は本当にないのだから、行かせてやるべきだとわたしに言いました。けれどわたしは、両親が来るまでアダムは持ちこたえなければならないのだと答えました。お医者さまは驚いて、『おや、あなたはお母さままではないのですか？』と聞くので、わたしは『いいえ。でも、ご両親はここに向かっている途中です』と答えました。それで、お医者さまは首を振り、後でまた立ち寄ると言いながら出て行かれました」。ジーンとレックスが到着した時、アダムは前のように呼吸していた。

一方、デイブレイクの人々は全員、アダムが死に瀕しているという知らせを聞いた。アダムのデイプログラムのメンバーたちはデイブレイクの集会室に集められて、交替でアダムに別れを告げに行く準備をしていた。プログラムのメンバーたちは誰もが厳しい制約をかかえていた。そのため、アシスタントたちは車椅子用のバンで誰を最初に行かせ、誰を午前十一時まで待たせるかを話し合っていた。彼らはトレーシーとマイケルを先に行かせることにして、二人のコートや車椅子の準備を始めた。しかし、後で行くことになったロージーは、気がつかないうちにすでに歩き出し、コートを半分着て、ホールの玄関の前に自分の車椅子を押してきていた。

アダムと同様、ロージーはしゃべらない。ある養護施設の囲い付きのベッドで何年も過ごした後、二十五歳で歩くのを覚えたのだった。ロージーが人々と非常に親しくなることは決してないし、はっきりした理由もなくしばしば叫び声をあげる。彼女は別の世界に生きているかのようなのだ。

トレーシーとマイケルの出発準備ができた時には、ロージーが車椅子に座って玄関をさえぎっていた。キャシーが彼女を優しく抱き上げて車椅子から下ろしながら、もう少し待たなければならないけれど、午前十一時には出かけることになっていると言ってきかせた。そして、彼女を集会室に連れ戻り、車椅子も元に戻した。出て行こうとすると電話が鳴ったので、キャシーは立ち止まって電話に出た。二分後に戻った時、車椅子に座って玄関をさえぎっていたのは誰だったろうか？　またもやロージーだった。

キャシーは彼女に聞いた、「ロージー、あなた、わたしたちに何か言おうとしているの？」ロージーは待っていた。そして、キャシーが彼女をもう一度集会室に連れ戻そうとすると、車椅子にしがみついた。「多分あなたは今行かなくてはならないのね。でもね、ロージー、病院に行ったら大きな音を立ててはいけないのよ。アダムはそれはそれは重い病気で、わたしたちは『さようなら』を言いに行くのだから。もしあなたが大きな音を立てたら、わたしたちみんな帰るように言われるし、他の人たちも来てはいけないと言われるのよ。あなた、どう思う?」ロージーは車椅子を固くつかんだ。それはあたかも彼女が「お願い。わたし、今行きたいわ」と言っているかのようであった。

家族だけでなく看護師たちも、人々がつぎつぎにアダムの部屋に別れを告げにくることに躊躇《ちゅうちょ》を感じたが、それを許可しなければならないと思った。「騒音」について十分警告を受けたロージーが、車椅子に乗せられてアダムのベッドの側までやってきた。ロージーはアダムの目を静かにのぞきこんだ。彼もロージーを見つめ返したように見えた。彼女は手を伸ばしてアダムの手を取ったが、彼女がそんなことをするのをそれまで誰も見たことがなかった。彼女はアダムの手を握り、ほぼ二分間彼の目に見入った。それから彼の手をそっとベッドに戻し、去る準備ができたかのように車椅子にもたれかかった。ロージーとアダムは互いに別れを告げ合ったのだった。ロージーには帰る準備ができていた。

❖

その朝、わたしはマサチューセッツ州ウォータータウンで、デイブレイクのわたしの秘書であるキャシー・クリスティからの電話を受けた。彼女はわたしにアダムの病状に重いぶり返しがあり、今回彼が助かる望みはほとんどないと伝えてきた。二、三時間後には、わたしはトロントに向かう飛行機に乗っていた。

アダムの病室に入った時、愛しい友がそこに横たわり、明らかにわたしたちと一緒の最後の時間を過ごしているのを目にして、わたしは深く心を動かされた。わたしは彼の額に接吻し、髪をなでた。彼の目は開いていたが、わたしであるとわかったかどうかわからなかった。レックス、ジーン、アンはわたしに挨拶した。わたしは彼らの大きな悲しみを知っていた。過去数か月にわたって彼らは非常に多くのことを経験し、ごく最近までアダムが今回もまたこの状態を切り抜けるだろうという望みを抱いていた。しかし、今は死の近いことを知っていた。

「ありがとう、ヘンリ、来てくださって本当にありがとう」と、ジーンは涙ながらにわたしに言った。「あなたはアダムにとって本当に親しい方でした。残念ながら、アダムの時が来たようですわ。わたしたち、もうすぐ彼を行かせてやらなければなりません。アダムは十分長いこと苦しみました……長すぎたほどです」。

わたしが到着して間もなく、アダムの兄のマイケルが一人のアシスタントと一緒に、アダムに会うためにやってきた。彼はなかば独り言のように、神に向かって「僕……あなたに……弟を助けてほしいんです。どうか、弟がまた歩けるようにしてあげてください」と言いながら、まっすぐアダムのベッドの方に向かって行った。彼は両親を悲しそうに見つめた。父親は彼に腕をまわした。数分後マイケルはわたしを見ると、両腕をわたしのまわりに投げ出し、頭をわたしの胸にうずめて泣いた。わたしは彼の震える体を長い間抱いていた。そして一緒に、ベッドに横たわるアダムの方を向いた。マイケルが小さな聖油入れを手にし、一同は集まった。わたしはアダムの額と両手に塗油して、最後の旅に出るのに必要な内的な強さを彼に与えてくれるようにと神に祈った。

「僕の、僕の、僕の弟は……天国に……行こうとしているんだね」とマイケルは涙を流しながら言った。「僕、とっても悲しい……とっても悲しいんです、神父さま」。わたしは彼をまた抱き、わたしたちは一緒に泣いた。両親に伝わったマイケルの悲しみや、アダムの周りに一緒にたたずんでいる間とめどなく流れ続ける涙を目の当たりにするのは胸が引き裂かれる思いだった。一時間ばかりたって、マイケルは父親に助けられて弟に別れを告げ、ホームに戻るため病院を後にした。

もう午後六時になっていた。しかし、ジーンとレックスは酸素マスクの背後のアダムの一呼吸一呼吸を追い続け、彼をできるだけ楽にさせようとしたり、次の一呼吸をするように声をかけたりしていた。二人は時折小さなスポンジで彼の唇を湿らせた。「彼は簡単には諦めませんよ」とわたしは言った。「彼はまことの闘士です」。アン・パヴィロニスは言った。「確かに、アダムはレックスやジーンやあなたがいらっしゃるのを待っていましたわ。でも、今はあなたがたがここにいらして、彼とも会ったのですから、行かせてあげる時ですよ」。もちろん、わたしたちは聞いていなかった！　両親は「息をしろ、アダム！　さあ、お前にはできる！　息をするんだ！」と言いながら、彼を励ましているのだ。とうとうアンはそれぞれを脇に呼んで、アダムに生き続けるよう呼びかけるのをやめる時が来たことを彼らにわからせようとした。「彼を祝福して、行く許しを与えてあげなければなりません」と彼女は言った。ジーンとレックスは不承不承アダムの傍に戻ってきて、行ってもいいのだと彼に告げた。わたしはベッドに腰掛けて、アダムの頭と髪をなでたり、時たま両手で彼の顔を抱いたりしていた。

夕刻中ずっと、デイブレイク共同体のメンバーたちが訪れ続けた。彼らは待合室から順番に短時間だけやってきて、アダムと別れを告げ、わたしたち全員と少しばかり言葉を交わした。時折、わたしたち幾人かがアダムのベッドの周りに集まり、互いの手を握り、アダムのため、そしてまたその両親や家族や多くの友人たちのために祈るのだった。わたしたちは深い内的な平和と、時が来たらアダムを故郷へと送り出してやれる自由とを全員に与えてくださるように神に求めた。

その晩遅く、不必要な維持装置すべてからアダムを自由にしてやるために、看護師がモニターのプラグをコンセントから抜き取り、レックスとアンがマスクを取り除けた。彼は今や死ぬ間際だった。なすべき唯一のことはできるだけ彼を楽にしてやることだった。すると、呼吸しようとする彼の苦闘が始まった。彼は痛みを感じていないように見えたが、呼吸のたびに奮闘しなければならないというのはたいへんな努力が必要だった。ジーンはどこか誇らしげに、「あんなに弱い心臓で、どうしてこんなことができるのかしら。もちろん、彼は簡単には諦めないわ。とっても強い子ね」と言った。レックスはベッドの側に跪《ひざまず》いてアダムの手を握った。ジーンは反対側に立ち、手をベッドのアダムの上に置いていた。

夜半までに、アダムは夜を持ち越しそうな気配を見せていた。わたしは深い疲れをおぼえ始めた。アンは、「今帰宅して、少し睡眠をおとりなさい。レックスとジーンとわたしがここにいます。アダムが亡くなったらご連絡します」と言った。

❖

デイスプリングの自室で眠りに落ちて間もなく、午前一時ごろアンが電話をしてきて、「ヘンリ、アダムが亡くなりました」と言った。わたしはすぐに「成し遂げられた」（ヨハネ一九・三〇）というイエスの言葉を思い出した。アダムの生涯――そして使命――は終わったのだった。

十五分後、わたしは病院に戻った。アダムはそこに横たわっていた。完全にじっとして安らかであった。次の一呼吸をするための苦闘はもうなかった。指を絡ませたり体を休みなく動かしたりすることももうなかった。レックス、ジーン、アンはベッドの上に座って、アダムの体に触れていた。涙を流していた。それは喪失の涙だったが、安堵の涙でもあった。わたしたち四人は手を取り合い、アダムの静かな顔を見つめながら、彼の三十四年の人生という贈り物のために、また厳しい肉体的脆弱さと信じがたいほどの霊的強靱《きょうじん》さにおいて彼がわたしたちにもたらした、あらゆるもののために感謝の気持ちをこめて祈った。

わたしは彼の顔を見つめ続けずにはいられなかった。わたしは思った。「ここにいる男は、誰にもまして、わたしをわたしの内的自己や共同体や神と結びつけてくれた。ここにいる男は、わたしがケアするように頼まれたのに、信じられぬほど深淵な方法で自らの生と心の中へとわたしを連れ込んだ。そうだ、デイブレイクでの最初の年、わたしは彼のケアをして彼を非常に愛するようになったが、彼はわたしにとって計り知れない贈り物だった。ここにいるのは、わたしのカウンセラー、教師、導き手なのだ。一言も話せなかったのに、どんな本や大学教授や霊性指導者にもましてわたしに教えてくれた。ここにいるのはアダム、わたしの友、わたしの愛する友なのだ。わたしの知る限り最も傷つきやすく、しかも同時に最も力強い人間なのだ。今や彼は死んだ。その人生は終わった。その業は成し遂げられた。彼は、ふるさとである神の御心へと帰ったのだ」。

わたしは限りない悲しみを感じたが、同時に限りない喜びをも感じた。わたしは同伴者を失ったが、残った人生のための守護者を得たのである。わたしは、「すべての天使が今アダムを天国へと導いて、愛に満ちた神の抱擁の中への帰郷を歓迎してくださいますように」と祈った。

死はたいへんな神秘であり、わたしたちに「わたしはなぜ生きるのか？　どう生きるのか？　誰のために生きるのか？」という自問を強いる。さらに、「死ぬ覚悟ができているか……今……それとも後で？」という自問をも強いる。アダムは、あたかもわたしにこのような疑問を心に抱く自由を与えてくれたかのようだった。あたかも彼が、「恐れないで、ヘンリ。僕の死を通して自分の死と親しくなりなさい。自分の死をもはや恐れなくなった時、十分に、自由に、喜びをもって生きることができるのだ」と言っているかのようだった。

レックスやジーンやアンと共にそこにおり、一緒にこの聖なる旅立ちの瞬間を経験することができるとは何と光栄なことだったことか。わたしは、マリアと共に十字架の下に立っていたイエスの愛弟子ヨハネのように感じた。わたしには実の子どもはいない。しかし、アダムは息子のようになっていた。彼はまた父のようにもなっていた。ここ、動かない彼の体の前でわたしは、神がわたしを一人きりで子どものないまま、家庭のないままにはしておかなかったことを知った。

イエスは死に臨んで、愛弟子を見ながらマリアに「母よ、これがあなたの子です」と言った。そして、ヨハネには「これがあなたの母です」と言った（ヨハネ一九・二六―二七）。こうして自分の死を新しい交わりの始まりとしたのだった。アダムもまたあの瞬間、そしてそれに続く日々、自分の家族、過去と現在の共同体のメンバーたち、そして友人たちの間に交わりの絆を作り出したのだった。

午前三時ごろ医師がやって来た。レックスとジーンは最初の別れの時がやってきたことを悟った。レックスは、「先生、どうか彼の体に優しくしてやってください」と言った。それは彼が三十四年間してきたことであった。

病院を出ると、レックスとジーンがわたしを家まで送ると言った。非常に寒かった。すべては静まりかえっていた。その年は厳冬で、七度目の吹雪が残した雪があらゆるものを覆っていた。十五分後、彼らはわたしをデイスプリングに降ろした。彼らに手を振って別れを告げながら、わたしは二人の心中で何が起こっているのか想像しようとした。それは、愛とケアをすべて捧げてきた愛する息子の死を深く悲しみながら、夜の闇を車で走り抜ける一人の男と一人の女だった。わたしには二人の苦悩を計り知ることがほとんどできなかった。同時に、わたしはアダムが側にいて、二人を守護し見守っていると確信した。彼は二人を悲しみの中に置き去りにするはずがなかった。

第七章　アダムの通夜と埋葬

翌朝目を覚ますと、わたしはアダムの兄のマイケルと会って特別の時を過ごす必要があることに気がついた。マイケルの住むホームの責任者であるメアリ・バスティードが、わたしに彼を連れ出してコーラを飲ませてあげるようにと提案した。「マイケルは今、本当にあなたと過ごしたがっていますよ」と彼女は言った。そこで、マイケルとわたしはリッチモンドヒルにあるレストランに出かけ、それぞれコーラとコーヒーを飲んだ。わたしたちは腰掛けてお互いのことやアダムのことを話し合った。わたしは、「マイケル、君と友達でとってもうれしいよ」と言った。マイケルは彼独特の方法で椅子の肘掛けをつかむと、わたしのほうへ少し身を寄せ、微笑んで「うん、神父さま。僕……神父さまの……友達だよ」と答えた。

わたしは、「君の弟のアダムは今は亡くなって、神さまと一緒なんだよ。今日、わたしたちは葬儀場に行くんだよ。君はアダムの体と会うんだ。そして明日は、体を墓地に埋葬することになっているんだ」と言った。マイケルは目に涙を浮かべながらわたしを見て、「そんなの嫌だ、神父さま。そんなの嫌だ……地面の……中になんて」と言い、床を指差した。わたしは言った、「わたしだって嫌だよ、マイケル。でも、わたしは神さまがアダムに新しい体をくださるように心から願っているんだ。そうすれば、アダムは天国で歩き回ったりしゃべったりできるし、すでに天国にいるおじいさんやおばあさんやおじさんともお話ができるのだから」。

マイケルの悲しみは深かった。しかし幸いなことに、短時間ではあれ時々気持ちをそらすことができた。ちょっとした気分転換のために、わたしは彼を車に乗せ、ラジオをかけ、ドライブを楽しませた。わたしは、マイケルは大丈夫だと感じた。彼はとてもよく祈る男だった。わたしは信仰がこれからの日々彼を助けるだろうと感じた。

その午後、葬儀場に行ってアダムが棺に横たわっているのを見た時、わたしは驚いた。彼はたいへん若く見え、まるで今しがた寝入ったばかりの十八歳の少年のようだった。顔は非常に穏やかで、肌は柔らかかった。髪はきれいにとかされており、素晴らしいシャツと浅黄色の毛糸のセーターを着ていた。彼の美しさと若々しさを見て、涙がわたしの目に浮かんだ。口を閉じてまったく動かずにいる彼を見たのは初めてだった。この男があんなにも多くのものをわたしに与えながら、同時に一言もしゃべらず、庭を走ることも、ボールで遊ぶことも、学校に通うことも、本を読むこともまったくできなかったというのは、わたしには信じがたいことだった。彼が好きだったのはただ友人たちと一緒にぶらぶら時を過ごすことだけだった！　だが、ここに横たわるアダムはまことに健康で完全で端麗に見えたので、わたしは目をそらすことができなかった。あたかも復活の時に彼が身につけるはずの新しい体を、すでにわたしに垣間見せてくれているかのようだった。

ジーンは棺のふたを開いておくのが良いことかどうか思い巡らせていた。「アダムはもう死んだのよ」と彼女は思いにふけりながらつぶやいた。「人々が心にとどめる彼の最後の姿がどうして死んだ姿でなければならないのかしら？」にもかかわらずわたしは、しばらくは棺を開いたままにしておくよう彼女に頼んだ。埋葬前にどうしても彼と対面したいと願う人々がいると思ったからだ。息子が非常に穏やかで端麗で安らかなのを見た時、ジーンはわたしたちが彼を見たり、彼の髪をなでたり、額に接吻したりできるのがどんなに素晴らしいことか悟った。

午後と夕方の弔問時間に、デイブレイク共同体の大半の人がもう一度アダムと共に過ごすためにやって来た。葬儀場の一番大きな部屋は多くの人で一杯だった。数か月あるいは数年にわたってニューハウスでアダムと生活を共にしてきたアシスタントのアン、ジョン・デイビッド、レシェク、ジョディ、クローディアはアダムが本当に死んでしまったと確認すると、改めて大きな痛みに打ちのめされた。彼らには、アダムのいないニューハウスの生活が今後どんな風に続いていくのかを想像することができなかった。

さらに、アダムの友人や同居者たちが来た。ジョンは、母親の死を思い出すため病院や葬儀場や教会や墓地をひどく恐れているにもかかわらずやって来た。ジョンはアダムがデイブレイクに来たその日から彼と暮らし、アダムに対していつも大きな好意と愛情を示していたのだった。彼は、「ヘンリ、今夜は帰ってくるの？」といった自分の一番よく知っている言いまわしを反復し続けた。彼は触ったり、傍で親しくしたりしたかったのだが、自分自身の経験や傷のために苦悩する心を表現できなかったのだ。

ロージーも来た。ロージーはアダムと同じ年にデイブレイクにやって来た。極めて重度の障害を負い、部外者には他人の入り込めない自分自身の世界に生きているように見えるのだが、彼女と生活し、働いた者たちは、アダムの病と死がいかに深く彼女の心を動かしたかに気づいた。ロージーはアダムとの別れをすでにすませていたため、部屋をよちよち歩いてアシスタントと一緒にアダムと対面するだけで満足し、その後は人込みから離れて床の上にしばらく座っていた。しばしばロージーは喜びや痛みを耳をつんざくような大声で表現するが、ここでは物静かで、友の死に深い悲しみを感じながらも、彼と対面する時には心を集中させていた。

アダムの兄ではない方のマイケルも車椅子でやって来た。重度の脳性麻痺と知的障害のため、マイケルには内面で起こっていることを人に伝えることが極めて難しい。アダムの静かな遺体を目にしてさえ、マイケルは自分を表現できなかった。しかし、アダムの前に彼がいるということが周りに立っている人々すべての心に深い思いを抱かせた。耳をつんざくような叫びと共に彼が苦悩の声をあげたのは翌日の葬儀の時だった。

アダムのもう一人の同居者であるロイは死と向かい合うことができなかった。彼は、恐ろしすぎて自分は葬儀場に行けないと結論した。しかし、ホームでは「アダムはどうしてる？　アダムはどうしてる？」と言い続けた。悲しみの中にいるにもかかわらず、彼は嬉々として楽観的であろうとしていた。しかし同時に、心の奥深くで苦しみ、落胆と怒りが突然ほとばしり出るのを抑えられないでいた。彼はアダムを深く愛し、いつも情愛を込めて彼に話しかけるのだった。この二人の男の間には真のつながりがあった。葬儀のあと、アンとロイはアダムの墓を一緒に訪れた。ロイはそのあと気持ちが晴れたようだった。

アダムの遺体が安置された部屋は人で溢れていた。共同体のメンバーや家族ばかりでなく遠くからやって来た古い友人たちもいた。ニューハウスで出会い、アダムと一緒に暮らしたこともあるグレッグとその妻アイリーンは、シカゴから車で駆けつけた。ホームやアダムのデイプログラムでアシスタントをつとめる間にアダムと親しくなったスティーブは、シアトルから飛行機でやって来た。ニューハウスの責任者としてアダムに二年間付き添ったピーターも、通夜と葬儀に出席するためノバスコシアから飛行機でやって来た。

弔問の間、わたしたちは何度か話すのを止め、祈りと分かち合いのために棺の周りに大きな円をつくった。わたしは詩編二十七編を、それがまるでアダムを代弁しているかのように感じながら朗読した。祈りの一時の後もわたしたちは円くなって立ち続け、何人かがアダムについて、夢や出来事について話をした。それらの話は笑いか涙あるいはその両方を誘った。悲しみと喜びがアダムの遺体の周りで一緒に踊り続けていた。悲嘆と笑い、取り返しのつかない喪失の感覚と計り知れない収穫の感覚だった。それはあたかも悲嘆にくれる弟子たちにイエスが言ったこと、つまり「メシアはこういう苦しみを受けて、栄光に入るはずだったのではないか」（ルカ二四・二六）という言葉をアダムがわたしたちに語るのを聞いたかのようだった。

この時、わたしたちに希望を与えるためにイエスは別のことも語った。

　一粒の麦は、地に落ちて死ななければ、一粒のままである。だが、死ねば、多くの実を結ぶ。自分の命を愛する者は、それを失うが、この世で自分の命を憎む人は、それを保って永遠の命に至る。（ヨハネ一二・二四―二五）

わたしたちは皆アダムの遺体の周りに立っていた。その時、わたしは、この御自身に関するイエスの言葉が、アダムの生涯だけでなくその死の中にも、計り知れない豊かな実りが秘められているという神秘をわたしたちに垣間見させてくれたように感じた。

❖

一九九六年二月十五日木曜日、数百の人々がリッチモンドヒルにある無原罪の聖マリア・カトリック教会に集まって、アダムの生涯と死を祝った。アダムの遺体が教会に運び込まれ、彼を迎えるために全員が立ち上がった時、わたしは、これらの男女たちのすべてがこの最も傷つきやすく、美しい若者によって心を深く動かされた経験があるのだということを知って圧倒された。これは秀でた芸術家でもなければ、有名な音楽家でもなかった。偉大な宗教家でもなければ、成功した政治的指導者でもなかった。いや、これはアダムだった。言葉ではなく模範によってわたしたちに語りかけたアダムだった。平和の使信を伝えるために旅行したり、講演したり、本を書いたりする必要など決してなかったアダムだった。これはアダムだった。自分の周りにケアの共同体を形成するよう呼びかけたからといって、一文たりともかせぐ必要がなかったアダムだった。アダム。彼のためにわたしたちは皆、目に涙を浮かべて立ち上がり、心は愛で溢れているのだった。

アダムの親友八名が教会の最前部まで棺に付き添って進んでいく間、わたしたちは歌った。

心の貧しい人々は、幸いである、

天の国はその人たちのものである。
悲しむ人々は、幸いである、
その人たちは慰められる。（マタイ五・三―四）

そして、パウロの言葉「神は力ある者に恥をかかせるため、世の無力な者を選ばれました」（Ⅰコリント一・二七）に耳を傾けた。

さらに、わたしたちはイエスのビジョンを言い表した言葉「柔和な人々は、幸いである、その人たちは地を受け継ぐ」（マタイ五・五）に耳を傾けた。わたしたちは、この言葉がまことにアダムについての言葉だということをはっきりと理解した。

アダムの遺体の前に立ち、聖体のパンを持って、「取って食べなさい。これは、あなたがたのために与えられるわたしの体である」（ルカ二二・一九）というイエスの言葉を口にした時、わたしが全く新しく理解したことは、神がわたしたちのために肉体となったのは、わたしたちが神に触れて癒されるためなのだということだった。神の体とアダムの体は一つなのだ。なぜなら、イエスがはっきりとわたしたちに告げているように、「わたしの兄弟であるこの最も小さい者の一人にしたのは、わたしにしてくれたこと」(マタイ二五・四〇)だからである。まことにアダムにおいてわたしたちは、わたしたちの間におられる生きたキリストに触れたのである。

誰もがキリストの体を受けるために教会の最前部に進み出た。そして、聖体拝領の後、最後の告別としてアダムの棺に触れるために誰もがもう一度進み出た。両手で木の棺をなでつつ、わたしたちは古いアイルランドの祝祷を歌った。

道があなたと共に登っていきますように。
追い風がいつもあなたに吹きますように。
太陽があなたの顔を暖かく照らしますように。
雨が穏やかにあなたの畑を潤しますように。
また会う時まで、
御手のくぼみで神があなたを支えてくださいますように。

続いて、祭壇までアダムの遺体に付き添った者たちが彼を教会から導き出したが、その間もわたしたちは歌った。

神はあなたを鷲の翼にのせて舞い上げ、
夜明けの息吹に乗せて運び、
必ず太陽のように輝かせ、
御自身の手のひらで支え給うだろう。

❖

マイケルとわたしは墓地へと向かう葬列の先導車に乗った。礼拝の直後、ジーンがわたしに「マイケルはひどい悲しみようですわ。墓地に行って大丈夫かしら」と言った。しかしわたしは、マイケルが家族や友人たちの近くにいたがっていることや、悲しみを最後まで経験しても大丈夫であろうことを感じとった。わたしは「一緒に先導車で来るかい？」と彼に聞いた。マイケルはすぐさま、「うん……神父さま……僕、神父さまと一緒の……車で行きます」と答えた。

墓地では棺の付添人たちがアダムの遺体を埋葬地点まで運び、墓穴の中に降ろすための金属製の構造物の上に横たえた。墓自体は大きな木の板で覆われ、傍には土の山が大きな人工芝のシートで保護されていた。少なくとも百人の人々がアダムの安息の場所まで遺体に付き添ってきた。

よく晴れた日で、たいへんに寒かったが、太陽は明るい光を雪で白くなった墓地に投げかけていた。風はなく、口からもれる一言一言がはっきりと聞き取れた。

マイケルは、わたしが持っていた聖水撒水器にたいそう興味を示していた。わたしは彼が聖水でアダムの墓と棺を祝福するにふさわしいと感じた。短い祈りの後、わたしはマイケルに撒水器を渡した。彼はわたしに固く抱かれながら、一方の側から他の側へとゆっくり歩きつつ、棺の上に身をかがめて注意深くそれを祝福した。続いて、わたしは次のように祈った。


愛する神よ、わたしたちの子であり、兄弟であり、友であるアダムをあなたの御手にお委ねします。キリストにあって生きかつ死んだすべての者たちと共に終わりの日に彼が蘇り、あなたのもとで永遠の命を得ることを確信します。

わたしたちの愛するアダムを天国に迎え入れてください。また、わたしたちが皆キリストにあって再会する時まで、信仰の確かさによってお互いに慰め合い、永遠にあなたと共に、またアダムと共にあることができるようにしてください。

祈りがすむと、ヘルメットをかぶった作業着姿の青年が二人現れた。二人はすぐに人工芝と棺の下の大きな板を取り除け始めた。わたしは微笑まざるをえなかった。二人がシェークスピアの『ハムレット』に登場する墓掘り人を想起させ、わずかながら喜劇のような安らぎを感じさせたからである。皆が待っている間、彼らの若々しいエネルギーと忙しそうな様子は、わたしたちがアダムを地上の冷たい雪の中に置き去りにするのではなく、確かに葬ろうとしているのだということをはっきり認識させた。板がすべて取り除かれると、二人は棺を墓穴の中に降ろした。それは地中への長くゆっくりした旅のように感じられた。棺が降ろされる時、わたしたちは「ハレルヤ、ハレルヤ、ハレルヤ」と歌った。二人は棺が底に触れるまで穴の中をずっと見下ろしていた。それから、ロープと金属製の昇降機をはずした。そして、レックスとわたしに大きなシャベルを手渡した。わたしたちは掘り出されたばかりの土の山にそのシャベルを入れ、ドスッという音と共に穴底の棺の上にそれを投げ落とすのだ。シャベルは、希望者全員が土をかけ終えるまで手から手へと渡されていった。

これは本当に最後の最後だった。わたしは花束を一つだけのせて墓の中深く横たわっているアダムの棺を見て、アダムがわたしたちと一緒になることはもう二度とないことを実感した。彼の体は重い土に覆われ、次第に周囲の大地の一部となっていくのである。その大きな穴の前で、わたしは復活の希望だけでなく、死が終わりであるという事実をも突きつけられたのだった。

それはわたしたち全員が感じたことだった。凍結した土の塊が墓穴に落とされ、鈍い音が棺の上に響くのを聞いて、わたしたちの心は引き裂かれた。マイケルは友人たちの腕の中ですすり泣き始めた。ジョンもとうとう悲しみを露わにして、大声で悲しみの叫びをほとばしらせた。その時、わたしたちは自分の無力さや孤独の深みを知った。太陽、雪、肌を刺すような寒気、墓、泣き声、地中のアダムの遺体――それらはわたしたちの言葉にならない悲しみを一層深くした。皆がシャベルを手にし終わった後、教会で歌ったアイルランドの祝祷をもう一度歌った。そして、わたしは「さあ、平安のうちに出で行きましょう」と言った。ゆっくりと群集は向きを変えて立ち去り始めた。

わたしは去りかねて、何人かの人々としばらく留まっていた。この美しい男をここに一人きりにしておくのは辛かった。アダムの遺体が横たわる雪に覆われた場所を最後に一瞥して、わたしは彼の新たな孤独を感じた。アダムは死んだ。彼は帰ってこない。わたしたちが彼に触れることは二度とない。わたしたちは、彼の身体的な現臨なしに暮らして行かなければならないのだ。でも、どうやって？　わからない。わたしたちはただ待ち、痛みを感じ、喪失を嘆き、涙を流すほかはないのだ。アダムはわたしたちを後にした。彼は安らぎの中にいるが、わたしたちはこれからも希望を抱いて生き続けなければならないのだ。一つのことがわたしには明らかだった。わたしたちは一緒のままでいなければならない、ということだった。わたしたちを一緒にした者が、わたしたちに一緒のままでいるように望んでいるということを信じなければならないのだ。わたしたちは車に乗って、皆で昼食をとる予定の場所へと向かったが、そこで涙に暮れ、時折笑みを浮かべるわたしたちを見るのを、アダムが喜ぶにちがいないことをわたしは知っていた。

第八章　アダムの復活

アダムの復活は彼を愛する人々の悲しみの中で始まった。この悲しみは極めて深く、心の底からのものだった。埋葬の後でデイブレイク共同体の大集会室にわたしたち全員が会した時、わたしはわたしたちの喪失がいかに大きいものであるかを知った。わたしにとってだけでなく、多くの人々にとってアダムは共同体の魂であり、わたしたちの落ち着きのない生活における動かない中心点だった。今、その中心点がなくなってしまったのだ。

今度は何だろう？　その次は何だろうか？　どんな風にやっていけば良いのだろう？　やっていくことができるだろうか？　アダムの通夜と埋葬の期間はまだ彼の存在が感じられた。彼の若々しい顔をまだ見ることができたし、彼に触れることもできた。今はただ空しさと不在感があるのみだった。わたしは、イエスの友たちが彼の埋葬のあと何を感じただろうかと考えていた。無気力感だっただろうか？　混乱だっただろうか？　腹立ちだっただろうか？　辛さだっただろうか？　彼らの存在の根底が崩れ落ちたのだ！　人生の意味が奪われてしまったのだ！　あらゆることが完全に行き詰まってしまったのだ。もはや教えもなければ説教も聞けなかった。もはや共同の食事も共に祈る静かな一時もなくなった。もはや親しく言葉を交わすこともなくなった。群集や奇跡はどこへ行ったのだろう？

新しい秩序や完全な自由への大きな期待感はどこへ行ってしまったのだろう？　ありあまるほどの魚やパン、純粋な生きる喜びはどこへ行ってしまったのだろう？　墓の入り口には大きな石が転がされ（マタイ二七・六〇）、その石には封印がされたのだった（マタイ二七・六六）。そのすべてが決定的であるという事実は極めて衝撃的だった。すっかり当惑しきって故郷に帰るか、ただ座り込むかする以外にいったい何ができただろうか？

わたしたちは、自分の悲しみの深みに入っていくことなしに復活について語ることはできない。考えることさえもできない。イエスの友たちもアダムの友人たちも「泣くのは止めなさい。彼は帰ってきますよ」とは言えなかった。わたしたちには泣いたり、喪失を感じたり、彼の死を嘆いたりする必要があった。悲しみとは空しさであり、暗闇であり、無意味さであり、無益感であり、麻痺である。さらには、心の中に宿っていた愛する者がわたしたちのうちで次第に死んでいくことである。悲しみとは時間毎に、日毎に、分毎に去り行くことである。わたしたちは長い間、あたかも彼がまだそこにいるかのように考えたり振舞ったりする。しかし、あらゆる時に至る所で彼がもういないことに気づくのだ。今朝は誰がアダムを起こすのだろう？　しかし……彼はもうここにはいない！　誰が彼を風呂に入れ、髭《ひげ》を剃り、髪をとかし、新しいジャケットを着せるのだろう？　しかし……彼はもうここにはいない！　誰が彼の朝食を用意し、オレンジジュースを飲むのを手伝い、その日のために支度させるのだろう？　しかし……彼はもうここにはいないのだ！　今夜、レックスとジーンが来ることになっている……しかし、わたしたちと過ごすためであって、アダムと過ごすためではないのだ。それは進行する死であり、何度も何度も彼の不在に驚くことであり、ゆっくりとした痛ましい別れであり、胸をえぐるような寂しさなのである。わたしたちは悲しみを避けて通ることはできない。それを縮めることもできない。時間をかけなければならないのだ。たくさんの時間を。

❖

では、どこで復活が始まるのだろうか？　わたしたちはどこでアダムに再会するのだろうか？　彼の不在だけでなく臨在をもあえて語るようになるのはいつなのだろうか？　わたしたちにとって、復活は幻や夢の中で始まったのである。

アダムの親しい友人イヴォンヌは、悲しみの最中に心に描いた物語を語ってくれた。彼女はアダムのことや、彼の死や二人の友情のことを考えていた。アダムに次に会うのは天国だということを意識して、イヴォンヌは自分が天国の中へと歩いていく様子を思い浮かべた。歩いていくと、光り輝くように見える若者が近づいてくるのが見えた。誰だか分からなかったので彼女は困惑したが、青年はまっすぐに彼女のところまで来て、話しかけた。「やあ、イヴォンヌ」と彼は言った。「僕が誰だか分からないのでしょう？」イヴォンヌは青年を知っているように感じたものの、どう知っているのか分からずに彼を見つめ続けた。すると彼は笑って、「僕はアダムだよ。君の友達だ。覚えているかい？」と言った。イヴォンヌは彼の若々しい活力と歓迎によって慰められたのだった。

ラルシュの古いメンバーであるエリザベスは夢を見た。彼女はわたしたちに次のように語ってくれた。「夢の中で、アダムが走ったり、踊ったり、飛び跳ねたりして、まるで鳥のように自由にしているのを見たわ。アダムはまるで自由な霊のようで、笑ったり、話したり、美しい運動選手みたいに頭や腕や足を動かしたりしていた。とっても喜びに溢れ、本当に晴れ晴れとしていて、わたしたちと一緒だった頃には決してできなかったことを全部やっていたの。目が覚めた時には、アダムが踊るのを見たことに興奮を感じたわ！」

わたし自身はといえば、どんな幻も夢も見なかった。逆に、もはや何も価値がないという奇妙な感情を腹の底に感じていた。この感情はいつもあったわけではなく、わたしはいつも通りの雑事をやり続けていた。しかし、時々自問するのだった。「どうしてこんなことをやるのだろう？　どうしてまた人を訪ねたり、食事をとったり、本を書いたり、礼拝の司式をしたりしなければならないのだろう？　いずれにせよ、すべて無に帰してしまうのだ。すべての結末が死であるのに、どうして愛などいるのだろう？」ベッドに横になるとぐったりするような疲労感を感じて自問した。「どうしてまた起きなければならないのだろうか？」

しかし、アダムのことを友人たちに話すと、彼らは必ず耳を傾けた。彼らの耳の傾け方は、わたしの他の言葉を聞く時とは異なっていた。彼らはわたしの悲しむ心に耳を傾け、そこに、わたしがあんなにも愛した無言の若者の声を聞いたのだった。わたしが語ると彼らは言った、「本当に彼を愛していたんだね。もっと聞かせてくれるかい」。そこで、わたしは彼らにもっと語った――アダムの誕生や素晴らしい両親やデイブレイクへの到来や、わたしたちの関係や彼がどうわたしの心に触れたのか、ということを。非常に単純な話だった。しかし、わたしがそれを話すたびに、耳を傾ける友人たちの心に新たな命や新たな希望が現れるのに気がついた。わたしの悲しみは彼らの喜びとなり、わたしの喪失は彼らの収穫となり、わたしが死することは彼らが新しい命に至ることとなった。極めてゆっくりとではあるが、わたしは、アダムをまったく知らなかった人々の心に彼が蘇るのに気づき始めた。あたかも彼らが偉大な神秘の一部とされるかのようだった。その時、ある人がわたしに言った、「多分、あなたはアダムのことを書くべきですよ。そうすれば、たくさんの人が彼の物語を知って喜ぶことでしょう」と。

❖

これが、わたしの悲しみの中での彼の復活の始まりだったのだろうか？　それは、悲嘆にくれるマグダラのマリアが聞きなれた声によって名を呼ばれるのを聞いた時に、彼女の身に起こったことだった。それは、エマオへの途上にあった意気消沈した弟子たちが見知らぬ人から話しかけられ、心が内で燃えた時に、彼らに起こったことだった。それは、二階の部屋に集まって恐れおののいていた弟子たちが「あなたがたに平和があるように」という言葉と愛に満ちた赦しの言葉を聞いた時、彼らの身に起こったことだった。それは、湖での漁に戻ったイエスの悲しむ友たちが、岸辺に立つ男から右舷に網を打つように言われて、舟にいっぱいの魚を捕り、その後その男から朝食に招かれた時に、彼らに起こったことだった。

嘆きは踊りに変わり、悲しみは喜びに変わり、絶望は希望に変わり、恐れは愛に変わる。すると、誰かがためらいがちに「彼は蘇った。まことに彼は蘇った」と言うのである。

わたしの心は、肉体にあってアダムが生き抜いたすべてが無駄だったなどとは到底思えないでいる。彼の信じられないような傷つきやすさと人生は、非常に多くの人々に対して彼が愛を注ぎ出す神秘の扉となった。そして、その傷つきやすさと人生は栄光へと定められているのだ。蘇った体にあったイエスの傷が、人々が彼を認める徴《しるし》となったように、アダムの傷はわたしたちの間における彼の独自の現臨の徴となるのである。アダムの破れた体は彼の新しい蘇った命の種だったのだ。パウロは次のように言っている。

死者はどんなふうに復活するのか、どんな体で来るのか、と聞く者がいるかもしれません。愚かな人だ。あなたが蒔くものは、死ななければ命を得ないではありませんか。あなたが蒔くものは、後でできる体ではなく、麦であれ他の穀物であれ、ただの種粒です。神は、御心のままに、それに体を与え、一つ一つの種にそれぞれ体をお与えになります。（Ⅰコリント一五・三五―三八）

アダムの独自の体は彼の復活した命の種粒なのだ。わたしは棺の中に彼の若々しい美しさを見た時、この新しい命を垣間見たのだ。わたしは友人たちの幻や夢を信頼し、さらにアダムの生涯の話をわたしから聞いた人々の心に生じた新しい希望を信頼しなければならない。わたし自身の悲しみや他の人々の悲しみを通して起こった出来事を信頼しなければならない。そして、そのような信頼と共に、次のことを知るに至るということも信じなければならない。すなわち、神の愛する子アダムの復活は単に待望すべき事柄であるだけでなく、わたしたちの悲しみのただ中で既に起こっている事柄でもあるということを。

第九章　アダムの霊

神のもとから来て、この世に三十四年間派遣されていたアダムは神のもとに帰っていった。彼の使命は成し遂げられた。しかし、それは終わってはいないし、決して終わることはないだろう。なぜなら愛は恐れよりも強く、命は死よりも強いからだ。アダムの愛とアダムの命は朽ち去ることがない。それらは永遠である。神の愛と神の命の一部分であるからだ。死の直前にイエスは語った。

実を言うと、わたしが去って行くのは、あなたがたのためになる。わたしが去って行かなければ、聖霊はあなたがたのところに来ないからである。わたしが行けば、聖霊をあなたがたのところに送る。……［そして］その方が来ると、あなたがたを導いて真理をことごとく悟らせる。（ヨハネ一六・七、一三）

アダムの霊はイエスの御霊である。それは「愛、喜び、平和、寛容、親切、善意、誠実、柔和、節制」（ガラテヤ五・二二）の御霊である。アダムと暮らした者は誰もが彼の美しい霊に打たれていた。それは、非常に多くの者たちを癒し、非常に多くの者たちに人生に関する新しい理解をもたらした御霊である。アダムの死はこの御霊を消滅させはしなかった。逆に、死は彼の霊を解き放って、どこでも吹けるようにさせた。そして、幸運にも彼を知る機会に恵まれた者たちの話を通して、アダムに一度も会ったことのない人々にも感動をもたらすことができるのである。それゆえ、アダムの思い出を生かし続けることは、彼の写真を壁に飾ったり、祈りの中で彼に言及したり、彼の死の記念日に特別礼拝を行ったりするといったことに決してとどまるものではない。彼の思い出を生かし続けるというのは、彼の中に宿り、今やわたしたちに送られたイエスの御霊を受けるために自らを開いておくということなのだ。アダムがわたしたちに与えることのできるものは、まだまだたくさんある。そして、わたしたちは彼が与えてくれるはずのものをとても必要としているのだ！

数週間前、わたしはニューハウスを短期間訪れた。皆そこにいた。ロージーもロイもジョンもマイケルもアンもその他の人々もそこにいた。だが、アダムはいなかった。けれども、わたしたちは彼のことを語り合った。ジョン・デイビッドは「アダムがいなくなってから、すべてが変わってしまいましたよ。絶えず彼のいないことを感じるんです」と言った。ジョディは「わたしたち、彼がいないので本当に寂しいです」と付け加えた。レシェクはただ「何か飲み物でも持ってきましょうか?」と言ったきりだった。

わたしたちは立ち上がって、リビングルームの別のところに座り直した。それは閉じた円ではなくて破れた円、悲しみと痛みの円であった。わたしたちは一つの時代が終わったと感じていた。わたしたちの共同体は創立二十六年を迎えたが、そのうちの十一年間にわたって、アダムは彼独特の形や様式をその布地に織り込んできたのだった。わたしたちは皆、アダムの死が、共同体としてのわたしたちの青年時代に終止符を打ったと感じた。悲しみはわたしたちを友たちの群れとして成人期へと導き入れようとしていた。わたしたちは人々が来ては去っていくのを見てきた。人々がここで新しい人生を始め、十分に生き、そして死んでいくのを見てきた。今やわたしたちは共通の長い歴史を持ち、過去を思い出すことができるようになった。アダムの死によって、わたしたちは何か新しいもの、何かまだ言葉にできないものを待望することになったのだ。

わたしたちの会話は次第にアダムからわたしたち自身の人生や将来に移っていった。ジョン・デイビッドは間近に迫ったシーラとの結婚の準備をしていたし、ジョディはデイビッドとの結婚式の準備をしていた。レシェクはポーランドに帰国して学業を続ける予定でいたし、ウクライナ人アシスタントのペトロはリヴィウの神学校に入学願書を出していた。わたしはアダムのアシスタントたちが世界中に散って行こうとしていることに気がついた。

アダムの霊は彼らの心と共にあるだろう。彼らがどこに住みどこで働こうと、アダムは彼らに教えた多くの事柄を思い出させ続けるだろう。そして、アダムと一緒に忙しい生活を送った時にはあまり明確でなかった事柄が、将来彼らがアダムを思い出す時には明確になるだろう。彼らは友人たちに言うだろう、「アダムのことを話してあげよう。僕は何年も前に、デイブレイクのニューハウスで彼と暮らしたんだ」。そして話をする時、アダムの霊、すなわち愛の霊が彼らの人生に実を結び続けているのを再び発見するだろう。アダムは、彼らが自分自身の使命を遂行する時、彼らを導き続けるだろう。

一方、ジョン、ロージー、ロイ、マイケル、アンなどここにとどまっている者たちは空の椅子と壁にかかったアダムの写真をなおも指差すのだ。彼らは夕食に来る人々に言うだろう。「アダムはここで暮らしていました。素晴らしい友であり導き手でした。アダムの生と死のおかげで、わたしたちは平和や希望や愛や計り知れない感謝の気持ちを授かったのです」と。

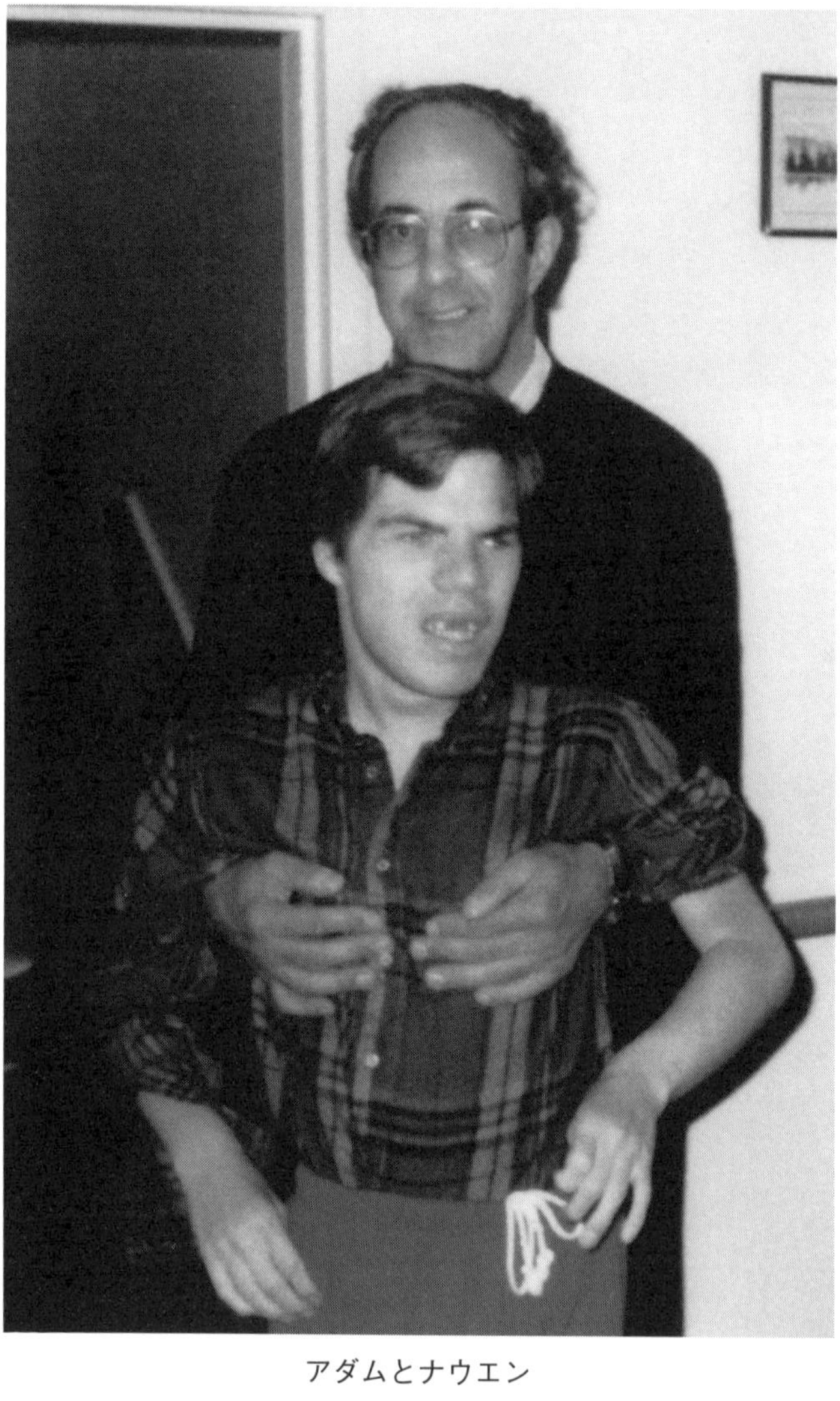

アダムとナウエン

結び

アダムの人生とわたしたちの関係は、わたしにとって真実で変わらぬ贈り物だった。この世的な観点から見ると、わたしたちの関係を語ることなどまったく無意味だろう。しかし、アダムの友人であるこのわたし、ヘンリはそれを書き記そうと決心した。わたしはそれに手を加えたり美化したりすることはしなかった。できるだけ平明かつ率直に書こうと心がけた。わたしはアダムの真理の証人である。しかし、もし最初にイエスの物語を知らなかったなら、わたしにはアダムの物語を書くことなどできなかっただろう。イエスの物語が、アダムの生と死の物語を見る目と聞く耳をわたしに与えてくれたのだ。わたしがアダムの物語をできるだけ平明かつ率直に書かなければならないと感じたのは、あの物語に照らしてみてのことだった。

アダムのおかげで、ラルシュはわたしの共同体となり、デイブレイクはわたしのホームとなった。それは自分の腕にアダムを抱き、まったく清く、まったく自由に彼に触れたためだった。アダムはわたしに帰属感を与えてくれたのだ。彼のおかげで、わたしは自分が身体的存在であるという真理に根を下ろし、自分の共同体にしっかり身を落ち着け、さらには共同生活における神の現臨を深く体験することができたのだ。アダムに触れなかったなら、わたしは今日どこにいたかわからない。アダムの体を洗ったり、アダムに食べさせたり、アダムと一緒に座ったりしたデイブレイクでの最初の十四か月が、わたしの切望していたホームを与えてくれたのだ。それは単に良い人々と共に暮らすホームというだけではなかった。それは、わたし自身の体におけるホームでもあり、わたしの共同体の体におけるホームでもあり、教会の体におけるホームでもあり、さらには神の体におけるホームでもあった。

わたしはイエスの生涯について読んだり聞いたりしてきた。しかしイエスに触れたり、イエスを見たりすることは決してできなかった。だが、アダムには触れることができた。わたしは彼を見、彼の命に触れた。彼を風呂に入れ、彼の髭《ひげ》を剃り、歯を磨いた時、わたしは物理的に彼に触れた。注意しながら彼に服を着せたり、朝食のテーブルまで彼を歩かせたり、スプーンを口まで運ぶのを手伝ったりした時、彼に触れた。他の人々は、彼にマッサージをしたり、一緒に運動したり、プールやジャクージに一緒に座る時、彼に触れた。両親は彼に触れた。マレーやキャシーやブルーノも彼に触れた。それがわたしたちのしたことだった。アダムに触れたのだ！　そして、イエスに関して言われたことはアダムに関しても言われなければならない。すなわち、「触れた者は皆いやされた」（マルコ六・五六）。アダムに触れたわたしたちは、それぞれどこかが完全になったのだ。それがわたしたちの共通した経験だった。

こうして、アダムの物語はわたしの信仰の表現、わたしの信条となるのである。それはまた、自分の強さや障害をすべて含んだわたし自身の物語の表現でもある。この本を書いていくにつれて、わたしは一つひとつの言葉がアダムと同じくらい自分自身にも関わっていることをますます自覚するようになった。しかし、そうでないはずがないのだ！　そもそも、わたしにアダムの物語を書きたいと思わせたのは、彼に対するわたしの愛だった。その愛は、悲しみに変わり、涙に浸され、切望で満たされた愛だったからである。まさにそこ、愛と悲しみがわたしの心の中で会したところで神の御霊がわたしに霊感を与えて語ったのだ。「座って書きなさい。その物語を語りなさい。あなたにはそれができる。なぜなら、あなたはアダムを愛していたばかりでなく、あのもう一つの物語も知っているからだ」。

そこで、わたしは悲しみのまっただ中で座り、書いて書いて書きまくった。言葉は簡単に出てきた。なぜなら、書き進むにしたがって、アダムが生きたのはイエスの物語――聞きたいと思う者には誰でもわたしが毎日語ってきたあのイエスの物語――だったのだということが一層はっきりしてきたからだった。

さて、少し休もう。物語は語り終えた。多くの人々がこの物語を読み、理解してくれるようにと願い、かつ祈りながら。

訳者あとがき

本書はHenri J. M. Nouwen, *Adam: God's Beloved* (Maryknoll, New York: Orbis Books, 1997) の全訳である。今回の版は初版（聖公会出版、二〇〇一年）、改訂新版（聖公会出版、二〇一二年）に次いで三度目の版となるが、改訂新版の訳文に手を加え、数箇所の誤りを訂正し、より自然な日本語となるように心がけた。

著者ヘンリ・ナウエンは一九三二年オランダに生まれたローマ・カトリック司祭であるが、トーマス・マートンと並んで二十世紀の生んだ最も人気あるキリスト教霊性思想家の一人として知られ、四十冊以上にのぼる著書を残している。若くして渡米した彼はノートルダム、イェール、ハーバードの各大学で長年教鞭《きょうべん》を執った後、一九八六年にカナダのトロント郊外のリッチモンドヒルにある知的ハンディを負う人々のカトリック系施設「ラルシュ・デイブレイク」に移り、一九九六年九月二十一日に訪問中の故国オランダで急逝するまで、晩年の十年間をその牧者として過ごした。本書の主人公アダム・アーネットは、著者がデイブレイクで出会い、親密なケアを通して深い人間関係を築き上げた重度の障害を持つ青年である。アダムが三十四歳で亡くなったのは奇遇にもナウエン自身の死のわずか七か月前だった。

本書はアダムの死に対する深い悲しみの中で書かれ、ナウエンの人間性が見事に表現されたまことに美しい著作だが、同時にナウエン自身の白鳥の歌でもある。すなわち、まとまった著作としては彼の最後の作品であり、彼自身の予期せぬ死によって未刊のまま残された。彼の遺志を継いで本書を完成させたのは、「まえがき」にも述べられている通り、デイブレイクの友人スー・マステラーであった。本書の後に書かれたのは、死の二十二日前で終わる日記 *Sabbatical Journey: The Diary of His Final Year*（一九九八年、邦訳『ヘンリ・J・M・ナウウェン最後の日記　信仰と友情の旅』女子パウロ会、二〇〇二年）だけであり、その五月八日の項には本書の執筆を開始したとの記述がある。死のわずか四か月半前であり、本書にはナウエンの最晩年の思索が収められていることになる。

したがって、本書はナウエンの霊的歩みの到達点を示すと言っても過言ではない。序章で述べられているように、本書は彼の信仰告白の書であり、ユニークなキリスト論の試みでもある。同時に、本書はキリスト教霊性において伝統的に区別されてきた「観想生活」と「活動生活」とが、アダムの介護を通してナウエンの内で見事に統合されていった様子を生き生きと伝えている。それが単なる抽象的な神学的議論としてではなく、アダムという一人の具体的な人間との真剣な人格的出会いを通して語られているだけに、ナウエンの綴る言葉一つひとつが非常な重みをもって読む者の心に迫ってくる。ナウエンに招かれて、読み手である「わたし」もまたいつしかアダムと人格的に出会い、さらにアダムを通して、深く包み込むような神の愛を経験するようになるのである。何度もくり返して読み返し、その深みを心でじっくりと味わう価値のある書物であろう。

ところで、二〇一二年の夏、訳者は国際学会出席のためにトロントを訪れた。学会終了後、以前から訪問したいと願っていたリッチモンドヒルのデイブレイクを初めて訪れ、二泊滞在した。二晩にわたって共同体のハウスの夕食に招かれ、その中心《コア》メンバーやアシスタントたちと親しい一時を過ごすことができた。本書に登場するアダムの兄マイケルも健在であり、紹介していただいて、言葉を交わすことができた。

実際に体験するデイブレイクはまさに本書に描かれている通りであって、ナウエンの語る共同体の姿が真実だということを直接に確かめることができた。中心メンバーたちの快活さや人なつこさ、アシスタントたちの温かさや気さくさは驚くばかりで、まったくの新参者であるにもかかわらず心から歓迎されていると感じることができた。本当に素晴らしいコミュニティーであり、二晩しか滞在できないのが残念でならなかった。

デイブレイクでは生前のアダムの写真をまとめた一冊のアルバムも見せていただいた。アルバムに収められたアダムの幼少の頃からの写真を見ながら、すでに準備中だった本書の改訂新版に彼や家族の写真を何枚か掲載できれば理解の助けになるに違いないと考えた。その後、トロント大学セントマイケルズ・カレッジのナウエン・アーカイブズ（The Henri J. M. Nouwen Archives and Research Collection）およびラルシュ・デイブレイク所蔵の写真を数枚入手することができた。写真を提供いただいたナウエン・アーカイブズとデイブレイク、そしてこれらの写真の使用を快諾いただいたアダムの父レックス・アーネット氏には心からの感謝を表したい。これらの写真を、既に聖公会出版がナウエン・アーカイブズから入手していた写真や訳者がデイブレイク訪問の際に撮影した写真と共に本文中に挿入したが、これらはすべて原著にはないものである。

また、扉に使用した絵は、デイブレイクの現中心メンバーであるトムにわざわざ描いていただいた作品である。「ケアリング」というタイトルで、デイブレイク共同体に溢れている素朴な信仰や温かい人間性を生き生きと伝える素晴らしい作品であり、心から感謝している。

さらに、デイブレイクのコーディネーターであったトニー・アーバンスキー氏にも心からの謝意を表したい。彼女には二〇一二年夏のデイブレイク訪問の折に大変お世話になっただけでなく、写真や絵画の入手にあたっても度重なるメールの交換を通して助けていただいた。

本文中の聖書引用は基本的に『新共同訳聖書』を使用した。ただし、前後の文脈の関係で、これによらず原文にそって訳出した箇所もわずかながら存在する。

なお、初版以来の「障害者」の表記は「障がい者」ないし「障碍者」に変更することも考えた。しかし、それでは多数者からは社会や家族の「重荷」と見なされがちの「障害」が、親密なケアを通して神の愛と臨在を伝える類まれな媒介に変容するという、ナウエンが身をもって体験したアダムの逆説のインパクトが十分に伝わらないと感じた。それゆえ、改訂新版同様に今回も「障害者」という表記を保持することにした。

最後に、本書の初版および改訂新版では聖公会出版の唐澤秩子氏のお世話になったが、今回の版では日本キリスト教団出版局の白田浩一氏のご協力を頂いた。心よりの謝意を表したい。

二〇二〇年十月

クリストフ　宮本　憲

解説　「行きたくないところへ連れて行かれる」日のために

塩谷直也

ナウエンからの最後の挑戦状

ヘンリ・ナウエンとアダム・アーネットの「出会いと別れ」、それが『アダム　神の愛する子』の内容です。文字を追うだけの読者は、この小さな本を福祉関連分野の書棚に並べるかもしれません。しかし、そのような型通りの分類をはるかに超える神秘的な出会いが本書には描かれています。これはまさに他者、自分、キリストと出会う冒険への招待状です。傷つくことを恐れ、安心・安全の砦に引きこもる私たちを戦慄させる十字架と復活の物語、すなわち聖書に親しみ信仰を大切にする人々に「死ぬ覚悟ができているか……今……それとも後で?」(135頁) と迫る挑戦状でもあります。裏を返すなら、中核にあるイエス・キリストの生涯を味わっていなければ、この「招待」と「挑戦」を見出すことは難しい。それが本書の特徴かもしれません。

アダム――他者との出会いと別れ

ナウエンはアダムへの愛を、誤解を恐れずに表現します。「彼はわたしの友、信頼に値する伴侶」(63頁)、そして「アダムは息子のように」「父のようにもなっていた」(135頁)ほどでした。それほどまでにナウエンがアダムに引き付けられたのはなぜでしょう。それはすべてを受動的に生きざるを得ないアダムへの、敬意や同情の結果ではないようです。むしろナウエンに徹底的に欠けていたものを、アダムが豊かに持っていたからに他なりません。

ご存じのようにナウエンには時代を代表する卓越した霊的才能が与えられていました。また略歴からも分かるように、誰もがうらやむキャリアを手にした人物でもあります。しかしどれほど神の近くにいたとしても、彼の両足が天使のように空中に浮いていたわけではありません。いかなる高みに達しても、常にその足は汚物にまみれた地面の上に位置しています。ナウエンも私たちもアダムも、背の高さは違っても、みな足の位置は同じなのです。

この天上と地上の強烈なコントラストに苦しめられた一人として、使徒パウロが挙げられます。彼は神秘体験によって天国を訪問したことを誇らしく語ります(Ⅱコリント12章)。しかしその直後、自分の両足がいまだ地上にあるとの現実＝弱さに着目します。自らが人間＝死すべきものであること、しかしその私が限りない神の愛によって救われていること、そこに真実を見出したのでした。同じようにナウエンもアダムとの出会いを通し、天国の使信を語る高みから離れ、共に弱さと傷つきやすさの大地に立っていること、そしてそうであるがゆえに神の慈しみの中に生かされているという「存在の根拠」を実感し始めます。彼にとってアダムは『わたしは神から生まれた貴重で完全な愛された者だ』という神秘を告げ知らせる」（44頁）霊的指導者でもあったのです。油断すると高尚な概念や天国に魅せられた思索へと入り込むナウエンに、アダムは「ヘンリ……君は体なのだ。言葉を肉体から切り離してはだめだ。君の言葉は肉となり、肉のままでなければならないんだ」（62—63頁）と無言で諭し、地上に連れ戻します。

それほどに愛し合った二人の別れは実に辛いものでした。アダムの死と埋葬を語る第六章と第七章は、病状の変化、周囲の混乱、不安と嘆きが胸に迫ります。私はこの箇所を何度も読み返しました。ここは愛するものを失った者同士で、輪読する価値があります。ある意味、優れたグリーフワークのテキストとも言えます。

ナウエン——自分自身との出会い、格闘

人はしばしばスターにあこがれます。才能を手にして人々の称賛を浴びたいと考えます。しかしそれは才能を持たないと自分は愛されない、見捨てられる、との考えをも育みかねません。上昇志向は、下降への底なしの恐怖とセットなのです。名声を手にしたナウエンも、まさにこのような自己理解に苦しむ一人でした。「ヘンリ（ナウエン）の中には……愛されていない感覚と孤独感――人に褒められたいものすごいほどの欲求がありました」[1]。

思えば「愛されていない感覚と孤独感」から逃れるために、さらに称賛を求め、それが得られると再び「見捨てられる不安」に襲われるという負の螺旋《らせん》を描き続け、デイブレイクにたどり着いた彼でした。この螺旋に沿って堕ちるナウエンを、アダムが見えない腕で受け止めます。ナウエンはその腕を頼りに、ここで最終的ともいえる苦闘、自分自身との出会いを始めるのです。

たとえ誇れるものが何もない時でさえ自分が愛されていることを信じようとする苦闘だった。……最後の支えが取り去られた今、たとえ自分のために人に見せるものが何もなくとも、自分がなおも神の愛する子であると信じるようにとのチャレンジを受けたのだった。（104―105頁）

1　ミシェル・フォード、『傷ついた預言者　ヘンリ・ナウエンの肖像』、廣戸直江訳、聖公会出版、二〇〇九年、238頁。ナウエンの孤独を評したジャン・バニエの言葉。ナウエンの親友バート・ガビガンは「心理的専門用語の退行という観点から彼（ナウエン）は傷ついた幼子、六歳でなく二歳あるいは一八か月の純粋に抱きしめられなければならない子どもだった」と語ります（263頁）。実際、ナウエンは「男性の治療士の腕に抱かれ、幼児のようにしっかりと抱きしめられながら泣き叫び、身悶えし……無条件に、愛情と優しさいっぱいで抱きしめられることが彼にとって一番大きな癒し」となるような、孤独の「どん底」の状態でした（268頁）。

「神がアダムを無条件に愛しているという事実」は、「ナウエン自身がその愛を受け入れるかどうか」のチャレンジへと変換されていました。しかしナウエンは（そして読者である私たちも）すべてを取り去られ、「アダムのようになること」を恐れます。なぜなら彼は（もちろん私たちも）依存的な人間になりたくなかったし、依存的な人間になっても、それでも自分の中に愛されるに値するものがある、とはやはり信じられないからです。

創世記によると人は、神から創造された段階では裸でした。しかし「善悪の知識の実」を食べると、裸、すなわち「ありのまま」でいることを恥じらい始め、衣服を身に着け始めます。この衣服が美しいほどに愛され、大切にされるとでも考えたのでしょうか。もしそうならこの衣服を奪われ、裸にされることは世界から見捨てられることを意味します。その恐ろしさに私たちは耐えられません。ですから創世記に登場するアダム以降、人は愛されるために何かをなしうる、なしえたという「衣服」を一枚でも多く身に着けようとし、またそれを奨励する世界を生きてきました。しかしデイブレイクのアダムは一切装飾なし、「裸」のまま。裸のままで「あなたは私の愛する子、私の心に適う者」という神からの声を全身に受け止め、周囲にあふれさせていたのです。その目撃した「神の愛」を、共同体スタッフの力を借りながらナウエンは受け入れます。「自らの深淵との対決」へと歩み、「内なる愛の声を発見」し、それに信頼を置く生活へとシフトするのでした（106頁）。「デイブレイクの裸のアダム」を通して、彼は「創世記の着ぶくれたアダム」としての人生から離れます。

様々な人から、この「神の愛」の教えを再三受けたであろうにもかかわらず、どうしてアダムの教えがナウエンに対し功を奏したのでしょう。それはアダムが出会った中で「一番支配的でなく、一番依存的な導き手」であり、「どんな奇跡も決して自分のために用い」ず、「金も名声も感謝さえも求めなかった」（108頁）からでした。それは自ずとイエス・キリストの姿とも重なります。よってナウエンは、そして何よりも本書の読者は、イエスとの出会いに最終的に導かれることとなります。

イエス・キリストとの出会い

もし最初にイエスの物語を知らなかったなら、わたしにはアダムの物語を書くことなどできなかっただろう。イエスの物語が、アダムの生と死の物語を見る目と聞く耳をわたしに与えてくれたのだ。（173頁）

冒頭で「イエスの生涯を学ばずに本書を理解することは難しい」と述べましたが、それはナウエンにとっても同じでした。彼はイエスの物語を知っていたからこそ、アダムの人生に福音（良い知らせ）を見出したのです。大したことも成し遂げず、生まれたままの貧しさの中で死に、それでも神の愛する子どもであった、というアダムとイエスの共通点が了解されたのです（45頁）。さらに共通点のみならず、アダムを知ることで、イエスと新たに出会っていることにも気づき始めます。

アダムが十全に生きることができるのは、わたしたちが彼の周囲に愛の共同体として生きる時のみだった。わたしたちに対する彼の偉大な教えは、「僕が生きることができるのは、君たちが僕を愛で取り囲み、互いに愛し合う時だけなのだ。さもなければ僕の人生は役立たずで、僕は重荷になってしまうのだ」ということだった。（118―119頁）

アダムの存在が発するこのメッセージは、まさにイエスの言葉です。「互いに愛し合いなさい。これがわたしの掟である」（ヨハネ15・12）。ナウエンはアダムについて書きながら、実はイエスのメッセージを記録していました。その意味で本書はナウエンによるイエス物語であり、彼が生涯にわたって慕い続けた神への「信仰告白」でもあります。

受動《パッション》の人生を生きる

二〇二〇年、全世界がコロナ禍の中に苦しみました。すべての者が程度の差はあれ、痛み、傷つき、愛するものを不条理にも失ったことでした。この嵐の中で、多くの「自由」が奪われた私たちに、以下の言葉が響きます。

わたしたちは誰でも自分で行動し、自立・自足したいと願うが、長い期間にわたって他者の決定に依存している。若く未経験の時や老いて貧しくなった時ばかりでなく、強くて自分に頼れる時もそうである。わたしたちの成功、富、健康、人間関係の相当の部分が、自分ではほとんど、あるいはまったく支配できない出来事や環境によって影響を受ける。わたしたちは行動しているという幻想を可能な限り抱きたがるが、事実は、人生の進路を最終的に決めるのは受動なのだ。わたしたちは人々が――愛に満ちた配慮ある人々が――受難《パッション》の時にわたしたちを支え、わたしたちの使命遂行を力づけてくれるのを必要としている。わたしにとってこれがアダムの受難の究極的な意義だった。（119―120頁）

自ら決定したのではない、誰かがどこかで決定したことを、有無を言わさず強いられるのが人生かもしれません。生まれ、家庭、教育環境、就職・転職・離職、病、出会いと別れ、愛する者との死別、また自らの死、その多くを受動に負う私たちであります。そしてそのことを心から恐れ、逃げまどい、時には強引に人生を支配しようとして、私たちは自他を深く傷つけます。

一方、その「受動」をしなやかに担い、分け隔てなく他者を愛し、また他者からのすべての愛を感謝して受け取ったのがアダム。そしてそのあとに続いたナウエンでした。

そろそろ私たちの番でしょう。「行きたくないところへ連れて行かれる」(ヨハネ21・18)人生に、この本とともに向き合います。泣いている人と一緒に泣きつつ、自分が泣きたい時は弱さを正直に認め、誰かに慰め、祈ってもらい、抱きしめてもらう人生へと歩み始めます。もしもその途上で不安に襲われ、立ち止まりそうになったら、ぜひもう一度本書を手にしてください。アダムとナウエンの微笑みとともに、次の声がよみがえるはずです。

「恐れることはない、十字架のイエス・キリストが、私たちのすべての道に同伴される」

宮本　憲（みやもと・けん）
山口県柳井市生まれ。東京外国語大学ロシア語学科卒業。同大学院、ピッツバーグ神学校（M.Div.）、プリンストン神学校（Ph.D.）修了。エジンバラ大学神学部客員研究員（2007-08）、元・神戸松蔭女子学院大学教授、キリスト教史・宣教学専攻。

塩谷直也（しおたに・なおや）
青山学院大学宗教部長、法学部教授。
1963年宮崎市生まれ。国際基督教大学卒業。東京神学大学大学院修士課程修了。著書『信仰生活の手引き　聖書』『視点を変えて見てみれば　19歳からのキリスト教』（日本キリスト教団出版局）、『にゃんこバイブル』（保育社）他。

ナウエン・セレクション
アダム　神の愛する子

2020年12月11日　初版発行

訳　者　宮本　憲
解　説　塩谷直也
発　行　日本キリスト教団出版局
169-0051　東京都新宿区西早稲田2丁目3の18
電話・営業03（3204）0422、編集03（3204）0424
http://bp-uccj.jp
印刷・製本　モリモト印刷

ISBN978-4-8184-1076-3 C1016　日キ販
Printed in Japan